Die schönsten Abenteuerklassiker zum Vorlesen

Robinson Crusoe

Die Schatzinsel

gondolino

ISBN 978-3-8112-3384-3
1. Auflage 2016
© gondolino GmbH, Bindlach 2016
Texte nacherzählt von Svenja Nick
Illustrationen: Milada Krautmann
Umschlaggestaltung: Vanessa Braun
Printed in Poland

Der Umwelt zuliebe gedruckt auf chlorfrei gebleichtem Papier.

www.gondolino.de

Inhalt

Daniel Defoe

Robinson Crusoe

Meine erste Seereise

Ich wurde im Jahr 1632 in der englischen Stadt York geboren. Mein Vater war ein Deutscher aus Bremen mit dem Namen Kreutzner. Er hatte sich als Kaufmann in Hull niedergelassen und dort meine Mutter geheiratet, die Robinson hieß. Ich wurde daher Robinson Kreutzner genannt, und weil die Engländer das nicht aussprechen konnten, wurde mit der Zeit Robinson Crusoe daraus.

Ich hatte zwei Brüder; der ältere fiel im Krieg und der jüngere zog in die Welt hinaus. Nie habe ich erfahren, was aus ihm geworden ist, ebenso wenig wie meine Eltern jemals erfuhren, was aus mir wurde. Ich war der Jüngste. Mein Vater wollte einen Juristen aus mir machen, aber mich interessierte nur die See. Nichts ließ mein Vater unversucht, um mich von meiner Abenteuerlust abzubringen. Warum wollte ich mich in der Ferne ins Verderben stürzen, wenn ich doch zu Hause ein ruhiges und zufriedenes Leben führen konnte?

Als er einmal krank im Bett lag, ließ er mich rufen und sagte: „Eins sage ich dir: Wenn du deine törichten Pläne nicht aufgibst, wirst du noch ausreichend Zeit haben zu bereuen, dass du meinen Rat nicht angenommen hast. Und dann wird niemand mehr da sein, der dir helfen kann." Und wie Recht er damit haben sollte!

Als ich achtzehn Jahre alt war, bat ich meine Eltern, mich doch wenigstens ein einziges Mal zur Probe auf See gehen zu lassen. Wenn es mir dann nicht gefiele, versprach ich, würde ich diese Idee für immer aufgeben und nie wieder fortgehen. Aber meine Eltern wollten nichts davon hören. Ein Jahr später ergab sich allerdings für mich ganz zufällig eine Gelegenheit. In Hull traf ich einen Bekannten, der mit dem Schiff seines Vaters nach London fahren wollte, und er lud mich ein, sie zu begleiten. So kam es, dass ich am 1. September des Jahres 1651 an Bord eines Schiffes ging, ohne den Segen meiner Eltern und ohne ihnen auch nur etwas davon zu sagen. Es ist wohl niemals das Unglück schneller über einen jungen Abenteurer hereingebrochen als über mich und nie hat es länger angedauert. Kaum

war das Schiff nämlich auf der offenen See, da begann es, heftig zu
stürmen. Ich wurde augenblicklich seekrank. Und weil ich noch nie auf
See gewesen war, bekam ich es mit der Angst zu tun und glaubte, jede
heranrollende Welle würde mich verschlingen. In meiner Angst schwor
ich zu Gott, dass ich auf direktem Wege nach Hause reisen würde, wenn
er mich bloß diesmal am Leben ließe. Diese klugen und vernünftigen
Gedanken hielten allerdings nur so lange an, wie der Sturm dauerte. Dann
klarte das Wetter auf und das Meer lag wieder friedlich und sonnen-
beschienen vor mir. Mein Freund klopfte mir auf die Schulter und zog
mich auf, weil ich mich wegen des bisschen Windes so gefürchtet hatte.
„Du bist eben ein Süßwassermatrose!", spottete er. Bald hatte ich meine
Ängste vergessen. Aber ich musste noch eine weitere Probe bestehen. Am
sechsten Tag unserer Reise lagen wir vor Yarmouth auf Reede, weil uns
ein steifer Südwestwind daran hinderte, die Themse nach London hinauf-
zufahren. Dort lagen wir über eine Woche fest. Am achten Tag wurde aus
dem starken Wind ein Sturm.

Wir holten die Toppsegel ein und zurrten alles fest, aber der Sturm wurde immer stärker und ich hörte den Kapitän leise vor sich hin murmeln: „Gott sei uns gnädig! Wir werden alle umkommen." Die Wellen waren inzwischen so hoch wie Berge und begruben das Schiff alle paar Minuten. Zwei Schiffe in unserer Nähe hatten bereits die Mastbäume kappen müssen, weil sie zu schwer beladen waren. Eins war gesunken und zwei weitere trieben mit gerissenen Ankertauen und gebrochenen Masten auf die See hinaus. Man kann sich leicht vorstellen, in welchem Zustand ich mich befand! Warum hatte ich bloß meine guten Absichten wieder aufgegeben?

Mitten in der Nacht kam ein Matrose an Deck und rief, das Schiff habe ein Leck. Sofort hieß es: „Alle Mann an die Pumpen!" Mir wollte das Herz stehen bleiben vor Schreck, aber die Matrosen schrien mich an, pumpen könne ich ja wohl, wenn ich auch sonst zu nichts zu gebrauchen sei.

Also riss ich mich zusammen und fing an zu arbeiten. Wir pumpten wie besessen, trotzdem stieg das Wasser im Schiffsraum immer weiter. Der Kapitän ließ fortwährend Notsignale abfeuern. Ein leichteres Schiff, das sich in unserer Nähe befand, wagte es tatsächlich, uns ein Boot zur Hilfe zu schicken. Nur mit großer Mühe gelang es uns, hineinzusteigen, und kaum hatten wir unser Schiff verlassen, als es auch schon zu sinken begann. Wir ruderten an Land, wo bereits viele Leute zusammengelaufen waren, um uns zu helfen. Zu Fuß kamen wir nach Yarmouth und dort traf ich auch meinen Freund und seinen Vater, den Besitzer des Schiffes wieder. Als der Vater hörte, dass dies meine erste Schiffsreise gewesen sei und ich sie nur zur Probe angetreten hatte, sagte er ernst: „Junger Mann, Ihr solltet dies als ein Zeichen nehmen, dass Ihr nie wieder zur See fahren dürft. Man darf das Schicksal nicht herausfordern!"

Ich wanderte zu Fuß nach London. Unterwegs kämpfte ich mit mir – sollte ich nach Hause zurückkehren? Aber dann stellte ich mir vor, wie die Nachbarn mich auslachen würden, und verwarf den Gedanken wieder.

Unter Seeräubern

In London machte ich die Bekanntschaft eines Kapitäns, der nach Guinea segeln wollte und mir anbot, ihn zu begleiten.

Diese Reise sollte mein einziges glückliches Abenteuer werden. Ich legte mein Geld in Handelswaren an, lernte allerlei Wissenswertes über Schiffsführung und Seefahrt und wurde auf diese Weise beides: Seemann und Kaufmann. Leider starb mein Freund bald nach unserer Rückkehr und die nächste Reise machte ich allein. Und diese Reise wurde die unglücklichste, die je ein Mensch unternommen hat.

Wir hatten Kurs auf die Kanarischen Inseln genommen, als wir eines Morgens türkische Seeräuber sichteten, die uns verfolgten. Wir setzten alle Segel, die wir hatten, aber die Piraten holten schnell auf. Schließlich kam es zum Gefecht. Es gelang uns zwar, dem feindlichen Schiff eine Salve zu verabreichen, aber nach einem kurzen Rückzug griffen die Piraten erneut an, diesmal von der anderen Seite. Sie legten ihr Schiff längsseits und sofort sprangen sechzig von ihnen an Deck und begannen, Segel und Tauwerk zu zerstören. Natürlich empfingen wir sie mit Säbeln und Musketen und wehrten uns tapfer, aber um das traurige Ende der Geschichte gleich vorwegzunehmen: Nachdem unser Schiff fahruntüchtig gemacht worden war und drei unserer Leute getötet wurden, mussten wir uns ergeben. Wir wurden zum Hafen der Piraten gebracht, nach Salee. Anders als die anderen wurde ich jedoch nicht ins Landesinnere verschleppt, sondern der Piratenkapitän behielt mich als seine Beute, denn einen geschickten jungen Mann wie mich konnte er gut brauchen. So schnell war ich vom stolzen Kaufmann zum elenden Sklaven geworden! Ich verrichtete hauptsächlich Arbeit im Haus des Piraten und hatte daher nicht die geringste Möglichkeit zu entkommen.

Erst nach zwei Jahren begann er, mich auch zum Fischen mitzunehmen. Weil ich mich dabei gut anstellte, dauerte es nicht lange, bis er mich auch allein hinausschickte. Und so gelang mir dann eines Tages zusammen mit einem jungen Sklaven namens Xury in einem gut ausgerüsteten Fischerboot die Flucht. Nach drei abenteuerlichen Wochen auf See nahm uns ein portugiesischer Segler auf, der nach Brasilien unterwegs war. Der Kapitän war ein guter und ehrenhafter Mann. Er kaufte mir nicht nur das Fischerboot ab, sondern übernahm auch den jungen Sklaven in seine Dienste. Als wir Brasilien erreicht hatten, vermittelte er mich an einen Bekannten, der eine Zuckerrohrplantage besaß. Damit, stellte ich bald fest, konnte man gutes Geld verdienen.

Also erwarb ich mit dem Geld, das ich noch in London hatte, eine eigene Farm und fing an, sie zusammen mit einem Nachbarn zu bewirtschaften. Wir hatten schnell Erfolg und ich wurde ein wohlhabender Mann. Nach vier Jahren hatte ich die portugiesische Sprache vollständig gelernt und viele Freunde unter den Kaufleuten in San Salvador, unserem Seehafen, gewonnen. Nun führte ich tatsächlich genau das Leben, das meine Eltern für mich vorgesehen hatten – aber ich konnte auch jetzt nicht stillsitzen. Und so stürzte ich mich erneut selbst in den Abgrund. Die Pflanzer und Kaufleute nämlich wollten ein Schiff ausrüsten und nach Afrika schicken, um von dort Sklaven für die Plantagen herbeizuschaffen. Da der Sklavenhandel verboten war, musste dies heimlich geschehen, und ich sollte die ganze Unternehmung leiten. Natürlich war der Gedanke an eine solche Reise für jemanden von meinem jetzigen Stand ein großer Unsinn – aber ich hatte ja nun einmal den Drang, mich zugrunde zu richten, und ließ mich begeistert darauf ein. Ich übertrug die Bewirtschaftung meiner Plantagen an geeignete Personen, machte ein Testament und ergriff alle nötigen Maßnahmen, um mein Vermögen und meinen Besitz zu sichern. Dann begab ich mich am 1. September 1659 an Bord. Das war auf den Tag genau acht Jahre, nachdem ich zum ersten Mal den Fuß auf die Planken eines Schiffes gesetzt hatte.

Unser Schiff besaß sechs Kanonen und vierzehn Mann Besatzung, den Schiffsjungen, den Kapitän und mich eingeschlossen. Wir hatten keine schwere Ladung dabei, sondern nur billigen Plunder, den wir für den Kauf von Sklaven brauchten. Gerade hatten wir den Äquator überquert, da überfiel uns ein Orkan. Er beutelte uns ganze zwölf Tage lang und brachte uns vollständig vom Kurs ab. Als der Sturm endlich nachließ, war unser Schiff leck und stark beschädigt. Der Kapitän versuchte, die Position zu bestimmen. Er fand heraus, dass wir uns in der Nähe der brasilianischen Küste oberhalb des Amazonas befinden mussten, an der Mündung des Orinoko. An die brasilianische Küste wollten wir nicht zurückkehren und bis zur afrikanischen war es zu weit. Wir beschlossen daher Kurs auf Barbados zu nehmen, um dort unser Schiff instand zu setzen und Proviant aufzunehmen. Aber es sollte anders kommen. Denn bald überfiel uns ein weiterer Sturm und unser Schiff lief auf eine Sandbank auf.

Wir saßen fest. Nun, da das Schiff sich nicht mehr bewegte, brachen die Wogen umso härter über es herein und wir mussten unter Deck fliehen, um nicht von Bord gespült zu werden. Das Schiff konnte jeden Moment auseinanderbrechen und das wäre unser Ende gewesen. Um unsere Haut zu retten, stiegen wir alle in ein kleines Beiboot und versuchten, ein nahes Ufer zu erreichen, obwohl wir nicht wussten, was uns dort erwartete. Es war gefährlich, in diesen Breiten an Land zu gehen, denn die Gegend war bevölkert von Eingeborenen, von denen bekannt war, dass sie Kannibalen waren. Aber wir hatten keine Wahl. Der Wind jagte unser kleines Boot auf die Küste zu. Nachdem wir etwa anderthalb Meilen getrieben waren, erfasste uns eine berghohe Welle, das Boot kenterte und wir wurden alle ins Meer geschleudert. Der Aufruhr der Gefühle, der mich erfasste, als ich im tobenden Wasser versank, ist nicht zu beschreiben. Zwar war ich ein guter Schwimmer, aber es gelang mir nicht, wieder an die Oberfläche zu kommen, um Luft zu holen. Da

erfasste mich eine weitere, heftige Welle, hob mich hoch, trug mich mit sich und warf mich ans Ufer, wo ich entkräftet liegen blieb. Doch schon war die nächste Welle heran, überspülte mich und zog mich ins Meer zurück. So kämpfte ich eine Weile mit aller Kraft, bis es mir schließlich gelang, festen Boden unter die Füße zu bekommen und mich auf den Strand zu ziehen. Ein überwältigendes Glücksgefühl breitete sich in mir aus – ich war gerettet! Aber von der Besatzung unseres Schiffes habe ich niemanden wiedergesehen; es wurden nur drei Hüte, eine Mütze und zwei einzelne Schuhe angespült.

Nach einer Weile jedoch wurde mir die weniger erfreuliche Seite meiner Rettung bewusst und plötzlich verlor ich allen Mut. Ich wusste nicht, wo ich war, ich war klatschnass und hatte keine Kleider, ich hatte nichts zu essen und zu trinken, kein Messer und kein Gewehr, um etwas zu jagen, nur ein Pfeife und ein paar Krümel Tabak. Wie sollte ich mich in der Nacht vor wilden Tieren schützen? Mir fiel nichts anderes ein, als auf einen Baum zu klettern. Nachdem ich landeinwärts auf eine Quelle gestoßen war, an der ich meinen Durst löschen konnte, stieg ich also auf einen Baum und fiel bald in einen tiefen Schlaf.

Das Wrack

Als ich erwachte, war es hell. Der Sturm hatte nachgelassen und die See wütete nicht mehr ganz so schlimm wie am Tag vorher. Das Schiff war immer noch zu sehen; es lag allerdings nicht mehr auf der Sandbank, sondern ungefähr eine Seemeile vom Ufer entfernt, und stand immer noch aufrecht. Deshalb wollte ich versuchen, an Bord zu kommen und ein paar nützliche Dinge zu bergen.

Gegen Mittag wurde die See ganz ruhig und das Wasser hatte sich weiter vom Strand zurückgezogen. Es war nun keine Viertelmeile mehr bis zu dem Schiff. Ich zog einen Teil meiner Kleider aus und schwamm hinüber. Mithilfe eines herabhängenden Taus gelang es mir, an Bord zu klettern. Nun sah ich, dass das Schiff auseinandergebrochen war und die Laderäume voll Wasser standen. Das ganze Deck war jedoch trocken. Zu meiner Freude stellte ich fest, dass alle Lebensmittel vom Wasser unversehrt waren. Ich stopfte mir die Hosentaschen mit Zwieback voll und nahm einen kräftigen Schluck Rum, um mich für die bevorstehende Arbeit zu stärken. Was ich jetzt brauchte, war ein Boot, mit dem ich meine Schätze auf die Insel transportieren konnte. Ich hatte keins – also musste ich eins bauen. Ich sägte einen Mast in drei Teile und zimmerte aus allerlei Rahen und Planken ein Floß, das groß genug war, um ein hohes Gewicht zu tragen. Dann leerte ich drei Seekisten aus und ließ sie aufs Floß hinunter. In die erste packte ich Lebensmittel: Brot, Reis, holländischen Käse, fünf Stücke Ziegenfleisch, einen Rest Getreide, einige Flaschen Likör. In die zweite packte ich Kleider, Gewehre, zwei Pistolen, Pulver und Kugeln, zwei rostige Säbel. Drei kleine Fässer mit Schießpulver brachte ich außerdem aufs Floß. Nach längerem Suchen fand ich etwas sehr Wertvolles, nämlich die Kiste des Schiffzimmermanns mit allerlei Werkzeug. Auch die kam aufs Floß. Mithilfe eines Ruders versuchte ich sodann, das Floß ans Ufer zu steuern, aber das erwies sich als schwierig. Zwar lief inzwischen die Flut wieder auf, aber eine starke Strömung trieb mich die Küste hinab. Ich gelangte an die Mündung eines kleinen Flusses. Dort sah ich mich nach

einem Platz zum Anlegen um und brachte mein Gefährt in einer kleinen Bucht am rechten Ufer an Land.

Als Nächstes musste ich die Gegend auskundschaften und einen sicheren Platz für mein Hab und Gut suchen. Deshalb kletterte ich auf einen kleinen Berg, der ungefähr eine Meile entfernt war, und sah mich um. Und nun stellte ich fest, dass ich mich auf einer Insel befand. Ringsherum war Wasser, in weiter Ferne waren einige Klippen zu sehen und drei Meilen nach Westen lagen noch zwei sehr kleine Inseln. Auf meiner Insel schien es eine große Anzahl von Vögeln zu geben, die mir alle völlig unbekannt waren; ansonsten erschien sie mir wüst und unbewohnt. Damit gab ich mich zunächst zufrieden. Ich ging zum Floß zurück und brachte die Ladung an Land. Aus Kisten und Brettern baute ich eine Art Palisade und eine kleine Hütte als Nachtlager.

Da der nächste Sturm das Schiff zerschlagen konnte, war es wichtig, schnellstens so viele Dinge wie möglich von Bord zu holen. Also schwamm ich noch einmal zum Schiff hinüber und baute ein neues Floß. In der

Kajüte des Zimmermanns fand ich Säcke voller Nägel, einen Bohrer, Beile, einen Schleifstein und andere nützliche Dinge. Ich lud noch mehr Gewehre und Munition sowie Segel, eine Hängematte und Bettzeug auf mein Floß. Diesmal brachte ich es schon erheblich leichter an Land.

Als ich alle Ladung sicher auf den Strand geschafft hatte, baute ich mir aus Segeltuch und Pfählen eine Art Zelt und stellte unter dieses Dach alles, was vor Regen und Sonne geschützt werden musste. Alle anderen Kisten und Fässer stellte ich in einem Kreis darum herum auf, sodass ich nun vor einem Angriff von Mensch oder Tier einigermaßen sicher war. Den Eingang verschloss ich mit Brettern. Dann breitete ich mir ein Bett auf dem Boden aus, legte zwei Pistolen in Griffweite und schlief die ganze Nacht tief und fest.

Obwohl ich bereits sehr viele Dinge vom Schiff gerettet hatte, schwamm ich in den nächsten Tagen immer wieder zum Schiff hinüber, um auch noch das allerletzte brauchbare Ding zu retten. Ich schleppte Taue und Seile an Land, alle Segel, die ich noch finden konnte, Ankertaue, Eisen-beschläge, weitere Lebensmittel, Rasiermesser, Scheren und Besteck und dreißig Pfund Goldmünzen brachte ich von Bord. „Elende Verführer!", rief ich, als ich die Münzen erblickte. „Was könnt ihr mir wohl noch nützen?" Dennoch nahm ich sie mit.

Auf dem Schiff hatte es auch einen Hund und zwei Katzen gegeben. Die Katzen nahm ich auf meinem Floß mit hinüber an Land. Der Hund jedoch war am zweiten Tag selber von Bord gesprungen. Er ist mir lange Jahre ein guter Jagdbegleiter gewesen und der beste Freund, den man sich nur wünschen kann. Nur reden wollte er einfach nicht mit mir.

Ich war noch nicht lange auf der Insel und schon elfmal zum Schiff hinübergeschwommen. In der folgenden Nacht stürmte es heftig und am nächsten Morgen war das Wrack verschwunden.

Mein neues Zuhause

Nun dachte ich darüber nach, wie ich mich am besten vor den Eingeborenen und wilden Tieren schützen konnte. Ich durchsuchte die Insel und
fand schließlich einen Hügel, dessen Vorderseite steil zu einer Hochebene
aufstieg. Auf der Nordseite dieses Felsens gab es eine kleine Einbuchtung,
nicht wirklich eine Höhle, aber wenn ich hier mein Zelt errichtete, war ich
von oben vor der Sonne und vor Feinden geschützt. Ich zog einen Halbkreis von etwa neun Metern Tiefe und achtzehn Metern Durchmesser um
die Einbuchtung. Auf diesem Halbkreis schlug ich zwei Reihen Pfähle im
Abstand von dreißig Zentimetern in den Boden, die über anderthalb
Meter hoch waren und oben angespitzt. Dann schlang ich Taue, die ich
vom Schiff gerettet hatte, um die Pfähle und legte sie in mehreren
Lagen übereinander. Die Innenseite dieser
doppelten Palisade stützte ich mit Schrägstreben
ab. Auf diese Weise machte ich meinen Wall so
stark, dass ihn weder Menschen noch Tiere
überwinden konnten. Es gab keine Tür in
meinem Zaun – ich überstieg ihn mithilfe
einer Leiter, die ich hinter mir einzog,
damit mir niemand folgen konnte.

Ich errichtete ein Zelt und dann unter
diesem Zelt ein weiteres Zelt, um mich
gut vor Hitze und Regen zu schützen,
und brachte in langer und mühevoller Arbeit
alle meine Schätze hier unter. Schließlich
hängte ich noch eine Hängematte auf. Nun
konnte ich endlich nachts ruhig schlafen.

Nach einigen Tagen war mir eingefallen,
dass ich versuchen sollte, einen Überblick
über die Zeit zu behalten. Deshalb stellte
ich an der Stelle meiner Landung einen

Pfahl auf, an den ich ein Brett nagelte mit der Aufschrift: „Hier bin ich an Land gekommen am 30. September 1659." In die Seiten dieses Pfahls schnitt ich mit einem Messer jeden Tag eine Kerbe. Jede siebte Kerbe war doppelt so lang wie die anderen und jeder Monatserste noch einmal länger; so hatte ich einen Kalender mit Wochen und Monaten und schließlich Jahren.

Unter den Gegenständen, die ich vom Schiff gerettet hatte, waren auch Tinte, Federn und Papier gewesen. Nun, da die dringendsten Arbeiten erledigt waren, fing ich wieder an, über meine bedauernswerte Lage nachzugrübeln. Um mich von meinen schwermütigen Gedanken zu befreien, erstellte ich schließlich eine Liste, in der ich alle Vorteile und Nachteile meiner Situation festhielt.

Schlecht:
- Allein auf einer wüsten Insel, ohne Hoffnung auf Rettung.
- Bin getrennt vom Rest der Welt und friste ein elendes, einsames Dasein außerhalb der Gesellschaft.
- Habe kaum Kleidung.
- Bin schutzlos den Eingeborenen und wilden Tieren ausgeliefert.
- Habe niemanden, der mich tröstet und mit dem ich reden kann.

Gut:
- Ich lebe noch, im Gegensatz zu meinen Gefährten, die alle tot sind.
- Bin auf wundersame Weise auserwählt worden, diesen Schiffbruch zu überleben.
- Ich leide weder Hunger noch Durst.
- Ich befinde mich in einer warmen Klimazone, brauche also gar nicht viel Kleidung.
- Hier gibt es keine wilden Tiere; was wäre gewesen, wenn ich an der Küste von Afrika gestrandet wäre?
- Gott hat mir das Schiffswrack erhalten, damit ich mich versorgen kann.

Alles in allem machte mir diese Betrachtung deutlich, dass es in jeder
noch so schrecklichen Lage doch auch immer etwas Gutes gab – und dieser
Gedanke half mir, mich mit den Umständen abzufinden. Ich versuchte,
mir mein Leben so gut wie möglich einzurichten. Nach und nach baute ich
noch eine Art Schuppen an den Palisadenzaun und erweiterte die Höhle,
indem ich mich tiefer in den Felsen grub. Das war nicht sehr schwer, da es
sich um weichen Sandstein handelte. So bekam ich nicht nur einen großen
Vorratsraum dazu, sondern auch noch einen Gang mit einem Ausgang und
einer Tür auf der anderen Seite des Felsens. Schließlich zimmerte ich mir
auch noch Tisch und Stuhl. Als ich meine Wohnung so weit hatte, begann
ich, ein Tagebuch zu schreiben.

Das Tagebuch

30. September 1659

Heute erreichte ich armer, unglücklicher Robinson Crusoe diese schreckliche Insel. Durch einen Sturm haben wir Schiffbruch erlitten und der Rest der Mannschaft ist ertrunken.

1. Oktober

Am Morgen sah ich zu meiner Überraschung, dass das Schiff nah ans Ufer herangetrieben war.

1. bis 24. Oktober

Habe die ganze Zeit damit verbracht, immer wieder zum Schiff zu schwimmen und alles mit Flößen an Land zu bringen, was ich brauchen konnte. Es hat viel geregnet, nur gelegentlich war es schön. Das war wohl die Regenzeit auf dieser Insel.

25. Oktober

Viel Regen und Wind in der Nacht. Das Schiff ist zerbrochen und untergegangen. Verbrachte den Tag damit, die Sachen vor dem Regen in Sicherheit zu bringen.

26. Oktober

Habe den ganzen Tag nach einem guten Platz für eine Behausung gesucht. Gegen Abend für eine Stelle unterhalb eines Felsens entschieden.

26. bis 30. Oktober

Arbeite hart, um all meinen Besitz in mein neues Heim zu bringen.

31. Oktober

Bin ins Inselinnere gewandert auf der Suche nach Nahrung. Schoss eine Ziege und ihr Kitz folgte mir nach Hause; musste es später auch erschießen, da es nicht fraß.

1. November

Habe mein Zelt unter dem Felsen aufgeschlagen und eine Hängematte zwischen zwei Pfählen befestigt.

2. November

Zaun gebaut aus Kisten und Kästen und Treibholz.

3. November

Habe zwei Vögel erlegt, die wie Enten aussahen und köstlich schmeckten. Nachmittags angefangen, an einem Tisch zu arbeiten.

4. November

Habe eine Arbeitseinteilung vorgenommen. Gehe nun jeden Morgen ein paar Stunden auf die Jagd. Arbeite dann bis elf, esse, schlafe von zwölf bis 14.00 Uhr, da es zu heiß ist, und nehme die Arbeit am Abend wieder auf. Habe den heutigen und den folgenden Tag mit der Arbeit am Tisch verbracht, da ich ein sehr schlechter Tischler bin.

5. November

Bin mit dem Hund auf die Jagd gegangen und habe eine wilde Katze erlegt; schönes Fell, aber ungenießbar. Ich häute alle Beutetiere und bewahre die Felle auf. Am Strand sah ich Wasservögel, die ich nicht kannte. Einige Seehunde verschwanden schnell im Wasser, während ich noch überlegte, was es für Tiere sein könnten.

7. bis 12. November

Die Trockenzeit hat begonnen. Habe mehrere Tage mit dem Bauen eines Stuhls verbracht. Habe mehrmals neu angefangen, weil mir die Form nicht gefiel.

13. November

Erfrischender Regen, aber auch Donner und Blitz, den ich fürchtete, wegen meiner Pulvervorräte. Als es vorbei war, beschloss ich, das Pulver auf möglichst viele kleine Pakete zu verteilen, damit nicht alles auf einmal explodieren kann.

17. November

Entschied, in den Fels hinter meinem Zelt zu graben, um mehr Platz zu bekommen. Bräuchte dringend eine Schaufel, eine Spitzhacke und eine Schubkarre. Aber wie soll ich mir so etwas herstellen?

18. November

Fand im Wald einen Baum, der in Brasilien „Eisenbaum" heißt wegen seines extrem harten Holzes. Zerbrach fast meine Axt, als ich ein Stück davon abschlug und mit großen Schwierigkeiten nach Hause brachte – denn es war äußerst schwer. Arbeitete sehr lange daran, eine Schaufel aus diesem harten Holz zu formen; sie funktioniert gut.

Einen Korb konnte ich mir nicht machen, da ich keine Zweige fand, die sich zum Flechten eigneten. Was die Schubkarre anging, hatte ich keine Ahnung, wie ich das Rad herstellen sollte, von der Radnabe und Achse ganz zu schweigen, also gab ich den Gedanken auf. Zum Wegtragen des Schutts fertigte ich eine Art Schütte aus Holz; brauchte vier Tage dafür.

23. November

Bin immer noch dabei, die Höhle auszuweiten.

10. Dezember

Meine Höhle war gerade fertig, da brach plötzlich das Gewölbe ein, was mir einen großen Schreck versetzte, denn hätte ich darunter gestanden, dann wäre ich jetzt tot. So hatte ich bloß viel Arbeit damit, die ganze Erde wieder wegzuschaffen und die Höhlendecke zu verstärken.

17. Dezember

Tischlerte Borde für die Wand und schlug Nägel in die Stützpfosten, um Sachen daran aufzuhängen.

20. bis 25. Dezember

Es regnete den ganzen Tag und die ganze Nacht, ich konnte die Höhle nicht verlassen.

27. Dezember

Ich schoss einen jungen Bock und verwundete eine Jungziege, die ich einfing und mit nach Hause nahm. Ich will sie zähmen.

28. bis 30. Dezember

Sehr heiß, kein Lüftchen. Erst gegen Abend konnte ich ausgehen und jagen.

2. Januar

Fand in der Mitte der Insel eine Menge Ziegen, sie sind sehr scheu. Versuchte, den Hund auf sie zu hetzen, aber sie stellten sich ihm entgegen und er merkte schnell, dass er keine Chance hatte.

3. Januar bis 15. April

Begann am Palisadenzaun zu arbeiten, es dauerte bis zum 14. April. Aber einen Tag nach seiner Vollendung gab es neue Aufregung. Die ganze Höhle schien plötzlich zusammenzufallen. Ich rannte zu meiner Leiter und stellte fest, dass ein Erdbeben im Gange war. Der Boden bewegte sich

etwa acht Minuten lang sehr heftig; vom Gipfel des Hügels stürzte ein großer Felsen herab und das Meer geriet in starke Bewegung. Ich wurde geradezu seekrank und setzte mich ängstlich auf die Erde. Der Himmel bezog sich und bald tobte ein Orkan und eine Flutwelle brach über das Land herein. Es war ein schreckliches Unwetter und es dauerte drei Stunden. Zwei Stunden später fing es an zu regnen. Die ganze Zeit über saß ich ängstlich und hilflos auf der Erde, denn ich traute mich nicht in meine Höhle. Erst als der Regen mein Zelt durchnässte, musste ich mich dort hinein flüchten. Ich musste sogar ein Loch in meine Palisaden schlagen, damit das Wasser abfließen konnte und meine Höhle nicht überschwemmte. Das Erdbeben wiederholte sich nicht, aber der Regen hielt die ganze Nacht über an. Ich dachte darüber nach, dass ich mir irgendwo eine erdbebensichere Unterkunft schaffen musste, einen offenen Ort mit einem Zaun drum herum.

1. Mai

Als ich heute zum Meer hinausging, sah ich am Strand einen großen Gegenstand. Es war eine Tonne. Und der Sturm hatte noch weitere Schiffstrümmer angespült. Das Schiffswrack war wieder aufgetaucht, aber nun lag es auf der anderen Seite und der Vordersteven, der vorher unter Wasser gewesen war, ragte nun in die Luft. Ich beschloss, alles vom Schiff abzumontieren, was ich noch irgendwie brauchen konnte.

4. Mai

Ging fischen, aber nichts biss. Gerade, als ich aufgeben wollte, fing ich einen jungen Delfin. Ich habe zwar keine Köder, aber ich fange trotzdem genug; den Fisch dörre ich dann in der Sonne.

24. Mai bis 15. Juni

Habe täglich am Wrack gearbeitet und setzte die Arbeit bis zum 15. Juni fort. Jetzt habe ich genug Balken, Bretter und Eisen, um ein Boot zu bauen. Wenn ich doch bloß etwas vom Bootsbau verstehen würde!

16. Juni

Am Strand fand ich eine große Schildkröte, die erste, die ich auf dieser Insel entdeckte. War gar nicht so leicht, das schwere Ding zu meiner Höhle hinaufzutragen.

17. Juni

Kochte die Schildkröte. Habe schon lange nicht mehr etwas so Leckeres gegessen.

18. Juni

Es regnete den ganzen Tag und ich blieb zu Hause. Der Regen kam mir kälter vor als sonst.

19. bis 27. Juni

Bekam Schüttelfrost und dann starkes Fieber. War sehr schwach und halbtot vor Angst. Starke Kopfschmerzen. Weil ich nichts mehr zu essen hatte, schleppte ich mich mit meinem Gewehr aus der Höhle und schoss eine Ziege. Am nächsten Tag stieg das Fieber wieder an und ich musste den ganzen Tag im Bett liegen, konnte weder essen noch trinken. Jammerte und schrie stundenlang zu Gott, bis ich endlich in Schlaf fiel. Schwere Albträume.

28. Juni

Der Schlaf hatte mir geholfen, das Fieber war weg. Versuchte, ins Freie zu gehen, fühlte mich aber matt und niedergeschlagen. Mir fiel ein, dass die Brasilianer immer Tabak gegen alle Krankheiten verwendeten. Ich suchte meinen Tabak und probierte Verschiedenes aus, da ich nicht wusste, wie die Brasilianer den Tabak gebrauchen. Erst kaute ich ein Blatt, davon wurde mir ganz schwindelig. Schließlich verbrannte ich etwas Tabak und atmete den Rauch ein, aber das machte mich nur schläfrig. Dann trank ich noch den Rum-Tabak und legte mich ins Bett. Jedenfalls fühlte ich mich überraschend lebendig und tatkräftig, als ich wieder erwachte. Das Fieber kam nicht zurück und auch meinem Magen ging es besser.

3. Juli

Ich nahm die Medizin noch mehrmals, dadurch ging es mir besser, aber die vollen Kräfte sind noch nicht ganz zurückgekehrt.

14. Juli

Es ist nun zehn Monate her, dass ich auf diese Insel verschlagen wurde. Machte mich auf, um den Rest der Insel zu erkunden. Wanderte von der Landestelle der Flöße den Strand hinauf und folgte einem Bach. Im Tal lagen große Flächen, auf denen Tabak wuchs und wildes Zuckerrohr.

16. Juli

Nahm denselben Weg und ging weiter. Die Gegend wurde waldiger und ich fand Melonen und Trauben. Die Trauben wollte ich später in der Sonne zu Rosinen trocknen, damit ich auch in der Regenzeit noch davon hätte. Den ganzen Tag verbrachte ich in diesem wunderschönen Tal und kehrte abends nicht nach Hause zurück. Die erste Nacht, die ich auswärts verbrachte, und zwar auf einem Baum, wie in meiner allerersten Nacht auf der Insel.

17. Juli bis 20. Juli

Wanderte weiter nordwärts. Der Osten des Landes war wie ein großer Garten. Ich sah Kokospalmen, Apfelsinen- und Zitronenbäume und nahm so viel ich nur konnte davon mit. Erst nach drei Tagen kam ich von diesem Ausflug zurück.

Anscheinend habe ich meine Wohnung ausgerechnet im kargsten Teil der Insel angesiedelt. Vielleicht sollte ich sie verlegen? Aber dann dachte ich daran, dass ich nur auf der Seeseite Schiffe sehen konnte, wenn welche vorbeikamen – zwischen den Bergen und Wäldern in der Mitte der Insel würde ich nichts mitbekommen.

Dennoch gefällt mir die Gegend so gut, dass ich beschloss, länger dortzubleiben und mir eine Art Sommerhaus zu bauen. Nun habe ich nicht nur einen Palast – meine Höhle – sondern auch ein Landhaus. Anfang August zwang mich allerdings die Regenzeit, in meine Höhle zurückzukehren. Nun stürmt und regnet es wieder jeden Tag. Da ich Angst vor neuem Fieber habe, verlasse ich meine Höhle möglichst nicht. Nur zweimal ging ich auf die Jagd.

30. September

Der unglückselige Jahrestag meiner Landung auf der Insel. Ich beging ihn als Feiertag und stellte fest, dass ich vergessen hatte, die Sonntage auf meinem Kalender zu markieren. Das holte ich jetzt nach. Langsam wird die Tinte knapp und ich werde nur noch die allerwichtigsten Dinge in mein Tagebuch eintragen.

Ziegen und andere Haustiere

Von meinem Landhaus aus konnte ich schon das Meer auf der anderen Seite der Insel sehen, nun aber beschloss ich, auch den Rest des Eilands zu erforschen. Ich rüstete mich also mit Waffen und Verpflegung aus und machte mich zusammen mit meinem Hund auf den Weg. Als ich das Tal, in dem meine Hütte stand, hinter mir gelassen hatte, sah ich im Westen das Meer und dahinter, am Horizont deutlich erkennbar, Land. Ob es Festland war oder eine Insel, konnte ich jedoch nicht sehen. Ich wusste auch nicht, in welchem Teil der Welt ich eigentlich gelandet war, außer, dass es Amerika sein musste. Vielleicht war es die unerforschte Küste zwischen Brasilien und den spanischen Kolonien, die von Menschenfressern besiedelt war; dann hatte ich es in der Tat mit meiner einsamen Insel noch gut getroffen.

Dieser Teil der Insel war viel schöner als meiner. Blumenwiesen und Felder wechselten sich mit Wäldern ab und es gab Unmengen von Papageien. Ich versuchte, einen zu fangen, damit ich ihn zähmen konnte, und tatsächlich gelang es mir auch, einen noch jungen Papagei zu erwischen, den ich mit nach Hause nahm.

Als ich den westlichen Strand erreichte, musste ich wieder einmal erkennen, dass ich mir den schlechtesten Teil der Insel ausgesucht hatte. Hier wimmelte es nur so von Schildkröten, und auf der anderen Seite der Insel hatte ich in anderthalb Jahren nur ganze drei gefunden. Außerdem gab es jede Menge Vögel, die ich zwar alle nicht kannte, die aber gut schmeckten. Ich setzte meine Wanderung noch ein wenig fort und wandte mich dann nach Osten. Dort schlug ich einen Pfahl ins Ufer, um eine Landmarke zu haben, und machte mich auf den Rückweg. Diesmal nahm ich jedoch eine andere Route und stieg hinab in ein tiefes Tal. Leider verlor ich durch die hohen Berge die Sicht auf meine Hütte und als es auch noch neblig wurde, irrte ich mehrere Tage orientierungslos umher. Ich musst erst wieder zu meiner Landmarke zurückkehren und von dort aus den bekannten Weg zurück nehmen. Auf dieser Reise überraschte mein Hund einen jungen Ziegenbock und stürzte sich auf ihn. In letzter Minute konnte ich ihn retten. Ich hatte schon öfter darüber nachgedacht, eine Ziegenzucht zu beginnen, deshalb machte ich ein Halsband und eine Leine für den kleinen Ziegenbock und brachte ihn zu meiner Hütte, wo ich ihn einsperrte, denn nun wollte ich erst einmal dringend zurück zu meiner Höhle.

Wie froh war ich, wieder in meiner Hängematte zu liegen! Die Höhle war mir wahrhaftig ans Herz gewachsen und ein echtes Zuhause geworden. Eine ganze Woche lang ruhte ich mich aus und verbrachte meine Zeit damit, dem Papagei einen Käfig zu bauen. Er war schon ein bisschen zutraulicher geworden und ich nannte ihn Poll. In den Regenzeiten versuchte ich, meinem Papagei das Sprechen beizubringen, bis er schließlich seinen Namen sagen konnte. „Poll" war das erste Wort, das ich auf dieser Insel aus einem fremden Mund hörte!

Dann fiel mir der arme kleine Ziegenbock wieder ein und ich machte mich auf den Weg zu meiner Hütte, um ihn zu holen. Es war höchste Zeit, er war halb tot vor Hunger. Ich schnitt Gras und Blätter für ihn und nahm ihn dann mit. Er folgte mir wie ein Hund, denn der Hunger machte ihn zahm. Später wurde er eines meiner liebsten Haustiere, sehr zutraulich und anhänglich, und hat mich nie verlassen.

Auch die beiden Katzen lebten zunächst in meiner Höhle. Eine von ihnen verschwand auf rätselhafte Weise und ich dachte schon, sie sei tot, da tauchte sie eines Tages mit drei kleinen Kätzchen wieder auf. Das war seltsam, denn die Katzen vom Schiff waren beide weiblich gewesen; vielleicht hatte sie einen wilden Kater auf der Insel gefunden. Jedenfalls ging aus diesen drei Kätzchen später eine ungeheure Menge weiterer Katzen hervor, sodass ich die Tiere aus der Höhle vertreiben musste, damit sie nicht alles auffraßen und zerstörten.

Handwerk und Ackerbau

Das Jahr auf der Insel teilte sich nicht, wie in Europa, in vier Jahreszeiten auf, sondern in Regenzeiten und Trockenzeiten. Nachdem ich eine Weile auf der Insel verbracht hatte, stellte ich allmählich die Regelmäßigkeit dieser Wechsel fest: Von Mitte Februar bis Mitte April regnete es, von Mitte April bis Mitte August war es trocken. Von Mitte August bis Mitte Oktober war wieder Regenzeit, von Mitte Oktober bis Mitte Februar Trockenzeit. Nachdem ich das erkannt hatte, konnte ich mich viel besser auf die Zeiten einstellen und alles Nötige vorbereiten, was sich vor allem für den Ackerbau als wichtig erwies.

Nach einer längeren Regenperiode waren nämlich plötzlich neben meiner Höhle ein paar Halme aus der Erde gesprossen, die sich bei näherer Betrachtung als Gerste und Reis herausstellten. Diese Entdeckung stürzte mich in die allergrößte Verwirrung, denn dergleichen hatte ich auf der Insel noch nicht gesehen. Hatte Gott ein Wunder geschehen lassen, um mir zu helfen, und das Getreide ganz ohne Samen einfach so aus der Erde sprießen lassen? Doch dann fiel mir ein, dass ich an dieser Stelle die Reste von etwas Hühnerfutter vom Schiff ausgeschüttet hatte, das die Ratten angefressen hatten. Also war es wohl doch kein Wunder gewesen.

Als die Ähren reif waren, hatte ich sie sorgfältig abgeschnitten und jedes einzelne Körnchen aufbewahrt, um es wieder auszusäen. Mein erster Versuch ging schief: Nach der ersten Regenzeit säte ich einen Teil der Körner aus. Aber durch die darauffolgende Trockenheit ging keines von ihnen auf, denn der Erde fehlte Regen und Dünger gab es auch nicht. Ich machte einen zweiten Versuch. Diesmal grub ich ein feuchtes Fleckchen in der Nähe meines Landhauses um und säte die übrigen Körner kurz vor Beginn der Regenzeit statt am Ende. Das ergab einen guten Ertrag – insgesamt aber trotzdem nur etwa eine halbe Kiste von jeder Sorte. Nun wusste ich jedoch, dass ich zweimal im Jahr säen und ernten konnte und im November und Dezember meines dritten Jahres auf der Insel kam die erste große Gersten- und Reisernte.

Die stellte mich jedoch vor ein neues Problem: Wie sollte ich das Korn säubern, mahlen und backen? Die wenigsten Menschen haben ja eine Vorstellung davon, wie viele Dinge man für so ein einfaches Produkt wie Brot braucht! Ich hatte keinen Pflug zum Ackern und keinen Spaten zum Graben – ich musste mir mit einer hölzernen Schaufel helfen, was die Arbeit sehr langwierig und beschwerlich machte. Nachdem ich das Korn gesät hatte, fehlte mir die Egge, und als es reif war, hatte ich keine Sichel zum Mähen. Als ich es endlich geerntet hatte, brauchte ich eine Mühle zum Mahlen, ein Sieb zum Reinigen, Sauerteig und Salz für den Teig und einen Ofen zum Backen. Ich beschloss also, meine komplette Ernte zunächst wieder auszusäen und verbrachte das nächste halbe Jahr damit, verschiedene Gerätschaften zu bauen und das Töpfern zu lernen. Es dauerte lange, bis ich den richtigen Lehm fand. Ich grub ihn aus, stampfte ihn, mischte ihn mit Sand und trug ihn nach Hause. In zwei Monaten brachte ich nichts weiter als ein paar armselige Krüge zustande, die ich in der Sonne hatte trocknen lassen. Mit der Zeit wurde ich jedoch geschickter und formte Schüsseln, kleine Krüge und runde Töpfe. Schließlich kam ich auf den Gedanken, die Gefäße im Feuer zu brennen, um sie härter zu machen. Ich ließ mehrere Töpfe fünf Stunden lang im Feuer stehen, bis der Sand, den ich unter den Ton gemischt hatte, schließlich zu schmelzen begann. Dann ließ ich das Feuer langsam auskühlen und am nächsten Morgen hatte ich tatsächlich gute, harte Tontöpfe mit einer wasserdichten Glasur. Nun konnte ich endlich Fleisch über dem Feuer kochen und Suppen zubereiten!

Das Nächste war ein Mörser zum Zerstoßen der Körner, denn an eine Kornmühle brauchte ich gar nicht zu denken. Da mir die Werkzeuge eines Steinmetzes fehlten, benutzte ich ein hartes Holz. Ich brannte ein Loch hinein, höhlte es aus und formte auch noch einen Stößel – damit konnte ich mein Korn zu Mehl zerstampfen.

Ein Sieb herzustellen, gelang mir beim besten Willen nicht, aber ich half mir mit Halstüchern aus grobem Baumwollstoff, die ich vom Schiff gerettet hatte, und bastelte drei kleine Siebe daraus.

Schließlich brauchte ich noch einen Ofen. Aus selbst gemachten viereckigen Backsteinen hatte ich mir einen Herd gebaut. Dort entfachte ich ein Feuer und ließ das Holz zu glühenden Kohlen herunterbrennen. Die häufte ich dann auf meinen Herd. Wenn er heiß geworden war, fegte ich die Asche herunter, legte das Brot darauf und bedeckte es mit einer großen Pfanne aus Ton, die ich wiederum mit glühender Asche bedeckte. So hatte ich Hitze von beiden Seiten und backte darin die leckersten Brote und später auch Reiskuchen und Puddings.

Das Boot

In diesem Jahr dachte ich häufig darüber nach, wie es mir gelingen könnte, das Land zu erreichen, das ich von der Westseite der Insel sehen konnte. Mir fiel das Beiboot ein, das nach unserem Schiffbruch auf der Insel angeschwemmt worden war. Ich fand es noch an derselben Stelle; es lag kieloben auf einer Sandbank. Es wäre leicht gewesen, die Schäden auszubessern, aber wie sollte ich es umdrehen und ins Wasser bringen? Drei Wochen brachte ich damit zu, Hebebäume und Walzen zurechtzumachen. Aber die Arbeit war vergebens: Das Boot war zu schwer. Schließlich kam mir ein anderer Gedanke: Die Indianer stellten Boote her, indem sie die Stämme dicker Bäume aushöhlten. Warum sollte mir das nicht auch gelingen? Dass die Indianer viel mehr Hände hatten als ich, um das Boot anschließend ins Wasser zu tragen, daran dachte ich nicht. Mit wildem Eifer machte ich mich an die Arbeit: Ich fällte eine Zeder – sie war so dick, dass ich allein dafür zwanzig Tage brauchte. Weitere zwei Wochen dauerte es, bis ich alle Äste und Zweige abgehackt hatte. Vier Wochen brauchte ich, um sie rundherum in eine Form zu bringen, die schwimmen konnte. Und schließlich arbeitete ich drei Monate daran, sie auszuhöhlen und ihr einen ordentlichen Schiffsrumpf zu verpassen. Als ich fertig war, hatte ich einen wunderschönen Einbaum vor mir, in den gut und gerne sechsundzwanzig Personen gepasst hätten, der also groß genug für mich und meine gesamte Habe war. Es war der größte und schönste Einbaum, den ich je gesehen hatte, und ich war sehr stolz auf mich. Wenn es mir jetzt noch gelungen wäre, ihn ins Wasser zu bringen, dann hätte ich darin zweifellos die wahnsinnigste und aussichtsloseste Reise meines Lebens angetreten.

Aber ich brachte ihn nicht ins Wasser. Das Boot lag nur etwa 80 Meter vom Ufer entfernt. Zur Flussmündung hin stieg der Boden allerdings leicht an, und ich musste zunächst einmal sehr viel graben, um diesen Anhöhe zu beseitigen. Aber natürlich konnte ich das Boot keinen Millimeter bewegen. Da ich nun also das Boot nicht zum Wasser bringen konnte, dachte ich, dann musste eben das Wasser zum Boot kommen. Aber nachdem ich ausgerechnet hatte, dass ich ungefähr zwölf Jahre brauchen würde, um einen entsprechenden Kanal zu graben, verwarf ich diese Idee wieder. Ich war am Boden zerstört. Wie dumm war ich doch gewesen, eine Sache zu beginnen, ohne sie vorher gründlich zu Ende zu denken!

Über all dieser Arbeit ging mein viertes Jahr auf der Insel zu Ende. Die übrige Welt betrachtete ich inzwischen als etwas, mit dem ich nichts mehr zu schaffen hatte. Hier auf meiner Insel war ich König und ich hatte gelernt, mich an dem zu erfreuen, was ich hatte. Mein Leben verlief sehr gleichförmig am immer gleichen Ort. Neben der täglichen Arbeit bei der Jagd, der Saat und der Ernte verbrachte ich die nächsten beiden Jahre damit, ein neues Boot zu bauen, das ich dann auch tatsächlich zu Wasser lassen konnte. Es war zwar nicht seetüchtig, aber nachdem ich ihm einen Mast und ein Segel verpasst hatte, erwies es sich als stabil genug für eine Fahrt um die Insel.

Im sechsten Jahr auf der Insel, Ende November, brach ich auf. Die Insel war zwar nicht sehr groß, aber an der Ostseite gab es ein weit ins Meer vorgelagertes Riff, das schwierig zu umfahren war. Als ich an der Spitze der Klippen angekommen war, erfasste mich eine starke Strömung, die mich weit aufs Meer hinaustrieb. Da es windstill war, nützte mir mein Segel gar nichts und Rudern brachte mich auch nicht weiter. So trieb ich immer weiter ab und hielt mich schon für verloren. Ich hatte keinen Kompass an Bord und wenn ich die Insel aus dem Blick verlor, würde ich sie nicht wiederfinden. Doch gegen Mittag kam endlich Wind auf und als ich dem Nordende der Insel näher gekommen war, erfasste mich eine Gegenströmung, die mich wieder dem Land zutrieb. Zwischen diesen beiden starken Strömungen gab eine ruhigere Passage, die ich nutzte, um ans Ufer zu gelangen. Kaum war ich an Land, fiel ich auf die Knie und dankte Gott für meine Errettung. Nachdem ich mich gestärkt und auch ein wenig geschlafen hatte, überlegte ich, wie ich nach Hause kommen sollte. Auf keinen Fall wollte ich den gleichen Weg zurück nehmen. Aber ich wusste nicht, was mich auf der Westseite der Insel erwartete und die Lust auf weitere Abenteuer war mir vergangen. Also beschloss ich, am nächsten Morgen die Küste entlangzuwandern und nach einer Bucht

Ausschau zu halten, in der ich mein Boot lassen konnte. Drei Meilen westwärts wurde ich fündig. Hier gab es eine Bucht, die sich zum Land hin schnell verengte und einen guten Liegeplatz bot. Ich holte mein Boot nach und machte es fest. Als ich die Gegend erkundete, stellte ich fest, dass ich gar nicht weit von meinem Landhaus war.

Ich machte mich auf den Weg dorthin und als ich es abends erreichte, war ich so müde, dass ich sofort in tiefen Schlaf fiel.

Am nächsten Morgen wurde ich durch eine Stimme geweckt. „Robinson, du armer Robinson! Wo bist du denn? Wo bist du gewesen?"

Zu Tode erschrocken fuhr ich hoch.

Auf dem Zaun saß Poll, mein Papagei, und er sprach in dem gleichen klagenden Tonfall, in dem ich immer zu ihm gesprochen hatte, wenn er auf meinem Finger saß und seinen Schnabel an meiner Wange rieb. Aber wie war er hierhergekommen?

Ich hielt ihm den Finger hin und rief ihn beim Namen. Sofort flatterte er herbei, setzte sich auf meine Hand und plapperte: „Armer Robinson Crusoe! Wo bist du?" Er schien außer sich vor Freude, mich wiederzusehen, und ich trug ihn auf der Schulter nach Hause.

Die Spur im Sand

Im elften Jahr auf der Insel begann die Munition knapp zu werden. Ich musste mir also etwas ausdenken, um auf andere Art und Weise an Fleisch zu kommen. Mithilfe von Fallgruben fing ich einen jungen Bock und zwei kleine Geißen, die sich leicht zähmen ließen. Aber wenn ich eine Herde züchten wollte, brauchte ich einen Stall und eine eingezäunte Weide. Das war viel Arbeit für ein einziges Paar Hände! Ich suchte einen geeigneten Platz, an dem die Tiere genug zu Fressen und Trinkwasser hatten, sich aber auch vor Sonne und Regen schützen konnten. Nach drei Monaten war das erste Weidestück umzäunt und ich brachte die drei Jungtiere dort unter. Nach und nach legte ich fünf solcher Weiden an und nach anderthalb Jahren hatte ich eine Herde von zwölf Ziegen. Nach weiteren zwei Jahren waren es schon dreiundvierzig und ich hatte nun so viel Ziegen-

fleisch, wie ich nur wollte, und außerdem noch Milch. Ich hatte zwar noch nie gemolken, aber ich lernte es, und ebenso lernte ich, wie man Butter und Käse machte. Was für ein reicher Tisch war doch hier für mich gedeckt, wo ich am Anfang nur den Hungertod vor mir gesehen hatte!

Es hätte allerdings sicher den größten Griesgram zum Lachen gebracht, wenn er mich und meine kleine Familie beim Abendbrot gesehen hätte. Da war zunächst einmal ich, der unbestrittene Herrscher der Insel, und dann Poll, mein besonderer Günstling, der allein das Recht hatte, mit mir zu sprechen. Zu meiner Rechten saß stets mein Hund. Er war inzwischen alt und müde geworden und weil es keine anderen Hunde auf der Insel gab, hatte er keine Nachkommen. Auf der linken Seite saßen zwei Katzen und warteten auf Brocken aus meiner Hand. Es waren nicht mehr dieselben, die anfangs mit auf die Insel gekommen waren – die beiden hatte ich in der Nähe meiner Wohnung begraben. Eine von ihnen hatte sich mit einer Wildkatze gepaart und zwei von ihren Kindern hatte ich ins Haus aufgenommen. Die anderen streunten wild in den Wäldern herum und plünderten von Zeit zu Zeit mein Haus. Mit diesem Hofstaat lebte ich also üppig und zufrieden und mir fehlte nichts, außer Gesellschaft.

Eine seltsame Unruhe trieb mich immer wieder zur Inselspitze und so machte ich mich in regelmäßigen Abständen auf die Reise, um nach meinem Boot und meinem Landhaus zu schauen. Meine Reisekleidung muss man sich ungefähr so vorstellen: Auf dem Kopf trug ich eine unförmige Mütze aus Ziegenfell, die hinten eine lang herunterhängende Krempe hatte, die sowohl die Sonne als auch den Regen abhielt. Dann trug ich eine kurze Jacke aus Ziegenfell und dazu ein paar knielange Hosen aus dem gleichen Material. Strümpfe besaß ich nicht, aber ich hatte mir eine Art Stiefel gemacht, die fast bis ans Knie reichten und an den Seiten zugebunden waren. Außerdem trug ich einen breiten Gürtel, an dem eine kleine Säge und ein Beil befestigt waren. Über der Schulter hingen ein Beutel mit Pulver und ein weiterer Beutel mit Kugeln und Schrot und natürlich eine Flinte. Auf dem Rücken trug ich einen Korb. Vor der Sonne schützte ich mich mit einem klobigen Sonnenschirm aus Ziegenhaut – neben der Flinte einer der wichtigsten Ausrüstungsgegenstände.

Bei einem dieser Ausflüge entdeckte ich eines Mittags am Strand etwas ganz und gar Unglaubliches: den Abdruck eines Menschenfußes. Ich blieb stehen wie vom Donner gerührt. Ich traute meinen Augen nicht. Aber egal wie lange ich darauf starrte, es war und blieb ein menschlicher Fußabdruck. Wie kam er hierher? Ich lauschte in alle Richtungen, ich sah mich um, ich rannte die Küste auf und ab und stieg auf meinen Aussichtspunkt – aber ich konnte niemanden entdecken. Ich fand auch keine weiteren Spuren.

Vollkommen durcheinander und so verängstigt, dass ich mich alle paar Meter misstrauisch umsah, ob nicht irgendwo ein Mensch hinter einem Busch lauerte, kehrte ich zu meiner Festung zurück. Ich floh in meine Burg – denn so musste ich sie wohl von diesem Moment an nennen – wie ein Hase in seinen Bau. In dieser Nacht tat ich kein Auge zu. Ich befürchtete, dass Bewohner des Festlandes durch widrige Umstände auf meine Insel verschlagen worden waren, und dann waren sie vielleicht wieder abgereist. Oder waren sie noch da? Aber wo waren dann ihre Boote? Hatten sie vielleicht mein Boot entdeckt und würden sie wiederkommen, um meine Felder zu verwüsten und mein Vieh zu rauben?

Drei Tage blieb ich in meiner Burg und fürchtete mich. Dann wagte ich mich wieder hinaus. Als Erstes ging ich zu meinem Landhaus, denn ich musste dringend die Ziegen melken. Dabei konnte ich nichts Ungewöhnliches entdecken und auch in den darauffolgenden Tagen fand ich keine neuen Beweise für die Anwesenheit eines Menschen auf der Insel. Dennoch beschloss ich, meine Festung zu verstärken, indem ich einen zweiten Wall anlegte. Das war leicht zu bewerkstelligen, denn ich hatte schon vor Jahren eine Reihe von Bäumen um den ersten Wall gepflanzt, sodass ich nun nur noch die Stämme mit weiteren Pfählen und Brettern zu verbinden brauchte. Jetzt hatte ich eine doppelte Mauer und die äußere hatte schmale Schlitze, in die ich sieben Gewehre legte. Und schließlich bepflanzte ich das Gelände rund um meine Festung mit schnell wachsenden Bäumen, sodass meine Wohnung innerhalb von zwei Jahren von einem dichten Gehölz umgeben war und von außen nicht mehr zu sehen. Nur unmittelbar vor dem äußeren Schutzwall ließ ich viel Platz frei, damit ich mögliche Feinde sehen konnte, wenn sie sich näherten. Auch für meine Ziegen suchte ich einen weiteren, gut verborgenen Platz, wo man sie nicht so schnell würde finden können. Bei der Suche danach geriet ich erneut an die Westspitze der Insel. Als ich aufs Meer hinausschaute, glaubte ich plötzlich ein Boot zu erkennen. Ich starrte aufs Wasser, bis mir die Augen tränten, aber es war zu weit weg. Daraufhin stieg ich den Hügel hinab und gelangte von dort aus an die Südwestspitze der Insel. Dort blieb ich starr vor Entsetzen stehen. Am Strand hatte jemand eine große Feuerstelle angelegt und zu meinem unbeschreiblichen Grauen sah ich, dass dort der Boden rundherum mit menschlichen Schädeln, Händen, Füßen und anderen Körperteilen übersät war. Menschenfresser waren hier gewesen! Das hätte ich allerdings schon früher feststellen können, wenn nicht der Zufall mich auf die Ostseite der Insel verschlagen hätte – denn die Bewohner des Festlandes kamen recht häufig auf die Westseite der Insel, um nach ihren Seegefechten die Gefangenen an diesen Strand zu bringen, zu töten und zu verspeisen, wie es bei ihnen der Brauch war. Das erfuhr ich allerdings erst später.

Nachdem ich mich heftig übergeben hatte, kehrte ich zu meiner Festung zurück. Ich sagte mir, dass die Wilden wahrscheinlich nur zu besonderen Gelegenheiten auf die Insel kamen und mir daher vermutlich keine große Gefahr drohte. Dennoch entfernte ich mein Boot von der Westseite und versuchte von nun an, möglichst wenig sichtbar zu sein.

Besuch von den Kannibalen

Im Dezember meines dreiundzwanzigsten Jahres auf der Insel erblickte ich eines Morgens am Strand ein helles Feuer. Ich flüchtete in meine Festung, zog die Leiter ein, lud alle Gewehre und Pistolen und wartete zwei Stunden lang auf den Angriff. Nichts passierte. Dann siegte die Neugier über die Furcht. Ich nahm mein Fernglas und begab mich auf meinen Aussichtshügel. Dort legte ich mich flach auf den Bauch und sah zu dem Feuer hinüber.
Am Strand lagen zwei Kanus und neun vollkommen nackte Wilde saßen um ein Feuer herum. Ich vermutete, dass sie auf die Flut warteten, um wieder abfahren zu können, und so war es auch. Kaum waren sie weg, lief ich hinunter zum Strand. Dort stellte ich fest, dass insgesamt fünf Boote hier gewesen sein mussten, und im Sand fand ich die Überreste ihrer barbarischen Mahlzeit. Das bedrückte mich sehr. In dieser Nacht hatte ich grässliche Albträume.

Einige Zeit später schreckte ein neues Erlebnis mich auf. Den ganzen Tag hatte ein schwerer Sturm über der Insel gewütet und ich konnte nicht vor die Tür. Da ertönte plötzlich vom Meer her der laute Knall einer Kanone. Ich sprang auf wie von der Tarantel gestochen und kaum hatte ich meinen Ausguck erreicht, da flammte über dem Meer ein weiterer Schuss auf. An der Ostseite der Insel befand sich ein Schiff in Seenot. Ich entzündete in aller Eile ein Feuer und bald darauf ertönten weitere Kanonenschüsse. Ich ließ das Feuer die ganze Nacht brennen.

Als es hell wurde, wanderte ich zur südöstlichen Seite der Insel und konnte von dort deutlich ein Wrack erkennen, das an den Felsen zerschellt war. Da die See wieder ruhig war, beschloss ich, zum Wrack hinüberzurudern, um zu sehen, ob ich an Bord nicht noch Überlebende oder wenigstens brauchbare Dinge finden konnte.

Es war ein trauriger Anblick. Das Schiff saß zwischen zwei Klippen fest. Das Heck war zertrümmert, der Großmast und der Vormast waren abgebrochen und es befand sich keine Menschenseele an Bord. Was war

mit der Mannschaft geschehen? War sie mit einem Rettungsboot von Bord gegangen? Oder waren sie alle ertrunken? Die Ladung war offensichtlich verloren gegangen und die Lebensmittel waren durch das Salzwasser verdorben. Ich brachte nur zwei Seekisten und ein Fass Rum von Bord, außerdem Pulver, drei Töpfe und einen eisernen Rost. Später stellte ich fest, dass die beiden Kisten Hemden und Tücher sowie spanische Münzen und Dublonen und ein paar Goldklumpen enthielten. Ich legte all dies zu meinen Schätzen und setzte mein gewohntes Leben fort.

Ich finde einen Freund

In den nächsten beiden Jahren schmiedete ich ernsthafte Pläne, die Insel zu verlassen. Seit ich zum ersten Mal die Fußspur im Sand bemerkt hatte, lebte ich in Angst und Sorge und mit der glücklichen Einsamkeit war es vorbei. Immer häufiger dachte ich auch darüber nach, wie ich die Kannibalen überfallen und an ihnen Rache nehmen konnte für ihre grausamen Taten. Aber dann dachte ich wieder: Welches Recht hatte ich eigentlich, mich zum Richter über sie aufzuschwingen? Was hatten diese Menschen mir getan? Ganz sicher betrachteten sie selber es ebenso wenig als Verbrechen, andere Menschen zu essen, wie wir es für Sünde hielten, einen Ochsen zu schlachten. Nach einigem Nachdenken kam ich zu dem Schluss, dass ich die Eingeborenen in Ruhe lassen musste und mich nur für den Fall wappnen sollte, dass sie mich angriffen.

Dann wurde ich eines Morgens durch den Anblick von fünf Kanus am Strand überrascht – diesmal lagen sie auf meiner Seite der Insel.

Menschen waren nicht zu sehen, aber es mussten mindestens zwanzig bis dreißig sein. In aller Eile machte ich meine Festung kampfbereit und stieg dann auf den Hügel, um von dort den Strand zu beobachten. Durch mein Fernglas sah ich dreißig Eingeborene, die in wilden Verrenkungen um ein Feuer tanzten. Dann wurden aus einem Boot zwei Gefesselte herbeigeschleppt. Einen sah ich kurz darauf von einer Keule getroffen zu Boden stürzen, wo mehrere Kannibalen gleich über ihn herfielen. Das unglückliche zweite Opfer stand reglos daneben und wartete darauf, dass es an die Reihe kam. Doch plötzlich schien ein letzter Lebenswille in ihm aufzuflammen – der Mann drehte sich um und rannte mit unglaublicher Schnelligkeit davon – geradewegs auf meine Festung zu.

Ich erschrak zu Tode, denn ich glaubte natürlich, dass der ganze Haufen ihm folgen würde. Tatsächlich folgten ihm aber nur zwei und er schien erheblich schneller zu sein als sie, denn der Abstand zwischen ihnen vergrößerte sich. Ich kletterte eilig die Leiter hinunter, ergriff zwei Gewehre und lief auf den Flüchtenden zu. Als ich ihn anrief, erschrak er

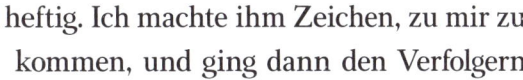

heftig. Ich machte ihm Zeichen, zu mir zu kommen, und ging dann den Verfolgern entgegen. Den ersten schlug ich mit dem Kolben meines Gewehres nieder, den zweiten erschoss ich. Der arme Flüchtling erstarrte zur Salzsäule vor Furcht, obwohl seine Verfolger ja nun niedergestreckt waren. Ich machte ihm wieder Zeichen, zu mir zu kommen, aber er zögerte, zitterte, machte zwei Schritte, zögerte wieder. Schließlich kniete er alle paar Schritte nieder und als er bei mir angekommen war, küsste er die Erde, legte den Kopf auf den Boden und stellte meinen Fuß auf seinen Kopf.

Ich hob ihn auf und versuchte, ihn zu ermutigen. Es war ein hübscher, schlanker Bursche, vielleicht fünfundzwanzig Jahre alt. Sein Haar war glatt und schwarz. Ich nannte ihn „Freitag", denn ein Freitag war es, an dem ich ihn gerettet hatte.

Nachdem ich ihn zu meiner Festung gebracht und ihm zu essen und zu trinken gegeben hatte, kleidete ich ihn mit einem Paar Hosen aus der Kiste vom zweiten Wrack ein. Später nähte ich ihm noch eine Weste aus Ziegenleder und setzte ihm eine Mütze aus Hasenfell auf. Zum Schlafen schlug ich für ihn zwischen dem inneren und dem äußeren Wall ein Zelt auf, aber ich vergaß nie, die Leiter einzuziehen, wenn ich in meine Höhle geklettert war. Ohne größeren Lärm dabei zu machen, konnte er also nicht zu mir hereinkommen. Auch meine Gewehre nahm ich alle zu mir herein. Diese Vorsichtsmaßnahmen erwiesen sich als überflüssig, denn er war der ehrlichste und treueste Gefährte, den man nur haben konnte. Ich ließ ihn Worte aus meiner Sprache nachsprechen und brachte ihm schnell seinen Namen und die wichtigsten Begriffe für Nahrungsmittel bei, wie Brot,

Trinken und Milch. Er war ein kluger und wissbegieriger Schüler und ich gab mir Mühe, ihm alles beizubringen, was ihn geschickt und nützlich machte. Er half mir bei der Feldarbeit und lernte backen und alle anderen Arbeiten ebenso gut wie ich zu erledigen. Dieses Jahr war das angenehmste von allen, die ich auf der Insel verbracht habe. Freitag fing an zu sprechen und es machte mir großen Spaß, mit ihm zu reden, nachdem ich fünfundzwanzig Jahre lang notgedrungen geschwiegen hatte. Sobald er meine Sprache besser sprechen konnte, begann ich, ihn nach seiner Heimat und seinem Volk auszufragen. Ich erfuhr, dass er während einer Schlacht gefangen genommen worden war und dass sein Volk ebenso wie seine Feinde auf diese Insel kam, um kannibalische Feste zu feiern. Er war sogar selber schon hier gewesen. Ich befragte ihn zu dem Land, das man vom Südwesten aus sehen konnte, und er sagte, die Überfahrt sei nicht gefährlich, es gebe nur eine starke Strömung und der Wind wehe morgens anders als nachmittags. Später habe ich erfahren, dass meine Insel genau an der Mündung des Flusses Orinoko lag; daher die Strömung, und das Land im Nordwesten war die Insel Trinidad.

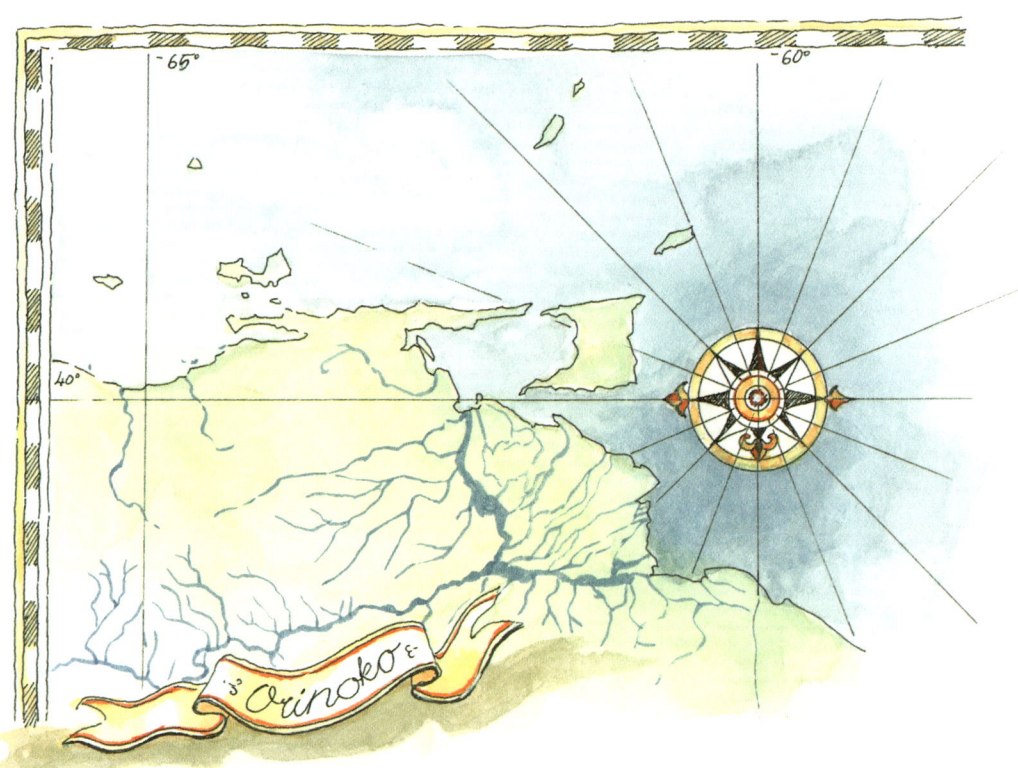

Ein überraschendes Wiedersehen

Als ich Freitag eines Tages meine eigene Geschichte erzählte und ihm das Beiboot zeigte, das noch immer auf dem Strand lag, betrachtete er es eine Weile nachdenklich. Dann sagte er mühsam in gebrochenem Englisch, dass ein solches Boot vor etwa vier Jahren zu seinem Volk gekommen war. Es hatten siebzehn Weiße darin gesessen, die sie vor dem Ertrinken gerettet und bei sich aufgenommen hatten. Auf die Frage, warum sie sie nicht aufgegessen hatten, antwortete er, sein Stamm töte nur Menschen, die man in der Schlacht gefangen habe. Ich war mir sicher, dass dies die Besatzung des Schiffes sein musste, das vor einiger Zeit vor meiner Insel zerschellt war. Nun befragte ich ihn weiter zu seinem Stamm. Würden sie auch mich willkommen heißen, wenn ich zu ihnen käme? Natürlich, antwortete Freitag, denn er würde ihnen erzählen, wie ich seine Feinde getötet und ihn gerettet hätte. Und zu den anderen Schiffbrüchigen seien sie schließlich auch freundlich gewesen.

Das brachte mich auf den Gedanken, dass ich mit Freitag zusammen eine Überfahrt wagen konnte. Die anderen siebzehn Weißen, die dort drüben in einer ganz ähnlichen Lage waren wie ich, gingen mir nicht mehr aus dem Kopf. Wenn ich zu ihnen gelangen könnte, dann konnten wir vielleicht auch zusammen das Festland erreichen.

Gemeinsam mit Freitag machte ich mich also daran, ein neues Boot zu bauen. Da wir nun zu zweit daran arbeiten konnten, ging es deutlich schneller als beim letzten Mal; aber dann brauchten wir doch volle zwei Wochen, um es mithilfe von Walzen zu Wasser zu lassen. Auch für die Anfertigung des Mastes und der Segel brauchten wir zwei Monate.

Schließlich musste ich Freitag noch mit der Führung des Bootes vertraut machen, denn obwohl er ein überaus geschickter Kanufahrer war, verstand er nichts vom Segeln.

Während wir noch mit den Vorkehrungen für die Reise beschäftigt waren, kehrte Freitag eines Morgens im Laufschritt vom Strand zurück, flog geradezu über die Palisadenwand und rief: „Oh Herr, oh Herr, oh weh, oh weh!"

„Was ist los?", fragte ich.

„Dort!", erwiderte er. „Eins, zwei, drei Kanus!"

Ich versuchte, ihn zu beruhigen, denn er war völlig außer sich. Wir bereiteten uns auf einen Kampf vor. Nachdem wir uns bewaffnet hatten, ging ich mit dem Fernrohr zu meinem Aussichtspunkt. Von dort sah ich, dass neunundzwanzig Eingeborene, drei Gefangene und drei Kanus eingetroffen waren. Diesmal waren sie näher an meiner Bucht gelandet, wo ein dichtes Gebüsch bis kurz an den Strand wuchs. Es stand also wieder einmal ein Festessen an. Eine große Wut überkam mich. Und diesmal war ich entschlossen, die Eingeborenen zu überfallen und alle zu töten. Ich fragte Freitag, ob er bereit sei, mir dabei zu helfen. Er hatte sich inzwischen wieder gefasst und versicherte mir, dass er für mich in den Tod gehen würde. Gemeinsam schlichen wir uns auf Schussweite an die Gruppe heran. Von einem hohen Baum aus berichtete Freitag mir, was er sah: Sie saßen offenbar alle um das Feuer herum und aßen. Ein weiterer Gefangener, ein Weißer, lag noch in der Nähe im Sand. Ich schlich noch näher heran bis zu einer Baumgruppe. Gerade stand einer der Eingeborenen auf, um den Weißen zu töten; aber als er eben dessen Fesseln lösen wollte, gaben Freitag und ich Feuer. Die Wilden sprangen entsetzt auf und wir feuerten noch einmal. Dann rannten wir laut schreiend auf sie zu. Während ich das Opfer befreite, feuerte Freitag auf die Männer, die zu den Booten gelaufen waren. Der Gefangene – ein Spanier – war so schwach, dass er sich kaum aufrecht halten konnte, aber ich drückte ihm eine Pistole und einen Säbel in die Hand und befahl ihm zu kämpfen. Die Eingeborenen waren so erschrocken, dass sie völlig vergaßen, sich zu wehren, und wie gelähmt dastanden, daher hatten wir leichtes Spiel. Am

Ende konnten drei entkommen. Ich hatte Angst, dass sie die anderen
alarmieren würden und zu Hunderten zurückkämen, deshalb sprang ich in
eins der Boote, um ihnen zu folgen. Zu meinem Erstaunen entdeckte ich in
dem Boot einen weiteren Gefangenen. Er war gefesselt und sogar zu
schwach, um sich aufzurichten. Ich löste seine Fesseln, doch er glaubte
wohl, dass sein Ende nah sei, denn er stöhnte bloß. Also bat ich Freitag,
ihm zu erklären, dass ihm nichts geschehen würde. Dann passierte etwas
Seltsames. Freitag kam herbei, starrte den Gefangenen an und begann
plötzlich, ihn zu küssen, zu umarmen, um ihn herumzutanzen, zu weinen,
zu lachen und zu singen und sich vor den Kopf zu schlagen wie ein
Verrückter; kurz, es war ein Anblick, der jeden zu Tränen gerührt hätte.
Es dauerte eine Weile, bis er sich beruhigt hatte, und dann erfuhr ich,
dass der arme Gefangene niemand anderes war als sein eigener Vater. Die
Verfolgung der Flüchtigen hatte sich damit natürlich erledigt, und das war gut
so, denn innerhalb der nächsten Stunde erhob sich ein kräftiger Sturm. Es
war unwahrscheinlich, dass die Entkommenen die Küste erreicht hatten.

Wir versorgten die beiden Geretteten mit Wasser und Essen und brachten sie dann auf einer Trage zu meiner Festung, denn sie waren zu schwach zum Laufen. Natürlich war es unmöglich, sie über die Palisaden zu schaffen. Deshalb baute ich ihnen davor ein Zelt, machte ihnen Betten aus Reisstroh zurecht und sie sanken bald in tiefen Schlaf.

Der Gedanke einer Fahrt ans Festland bekam durch dieses Ereignis neuen Auftrieb. Ich befragte meine neuen Gäste in dieser Sache, wobei Freitag mir als Dolmetscher diente, denn auch der Spanier beherrschte die Sprache der Eingeborenen ziemlich gut. Freitags Vater versicherte mir, dass wir von seinem Volk freundlich empfangen werden würden. Der Bericht des Spaniers dagegen beunruhigte mich. Er erzählte, außer ihm seien noch sechzehn weitere Spanier und Portugiesen zu den Eingeborenen verschlagen worden. Sie lebten zwar friedlich unter ihnen, aber mehr schlecht als recht. Als ich ihn nach der Schiffsreise fragte, berichtete er, sie seien unter spanischer Flagge von Rio de la Plata nach Havanna unterwegs gewesen, um Felle und Silber gegen europäische Waren einzutauschen. Unterwegs hatten sie fünf schiffbrüchige Portugiesen aufgenommen und bei ihrem eigenen Schiffbruch ihrerseits fünf Mann verloren – der Rest sei schließlich halb verhungert vor der Kannibalen-küste gelandet. Ich fragte ihn, wie seine Kameraden wohl einen Vorschlag zur gemeinsamen Flucht aufnehmen würden. Darauf erwiderte er sehr offen, dass es ihnen so schlecht gehe, dass sie sich ganz sicher niemals gegen einen möglichen Befreier stellen würden. Er sei aber gerne bereit, mit Freitags Vater hinüberzufahren und mit ihnen vorab zu verhandeln. Das schien mir eine gute Idee zu sein. Dennoch schoben wir den Plan noch eine Weile auf, denn für eine solche Unternehmung brauchten wir viel Proviant und andere Ausrüstung. Wovon sollte ich aus dem Stand noch vierzehn weitere Männer ernähren? Wir machten uns also an die Arbeit, säten und ernteten, vergrößerten die Ziegenherde, ernteten Trauben und trockneten sie, und nach sechs Monaten – im Oktober – traten Freitags Vater und der Spanier ihre Reise ans Festland an.

Die Meuterer

Ich wartete bereits eine Woche auf die Rückkehr meiner Gesandten, als ich eines Morgens von lauten Rufen aus dem Schlaf gerissen wurde: „Sie sind da! Sie sind da!" Ich sprang auf und rannte nichtsahnend durch mein Wäldchen, als ich anderthalb Meilen vor der Küste ein Boot erblickte, das gar nicht vom karibischen Festland herüberkam, sondern aus der anderen Richtung. Ich rief Freitag sofort zurück und bat ihn, sich zu verstecken; das hier waren nicht unsere Freunde. Schnell holte ich mein Fernglas und stieg auf meinen Ausguck. Da durchfuhr mich ein neuer Schreck: Vor der Insel ankerte ein englisches Schiff! Das versetzte mich einerseits in freudige Aufregung, denn plötzlich schien die Rettung, auf die ich siebenundzwanzig Jahre gewartet hatte, zum Greifen nah. Aber andererseits war ich auf der Hut: Was hatte ein englisches Schiff abseits der üblichen englischen Handelsrouten zu suchen? Das Schiff sah intakt aus, war also

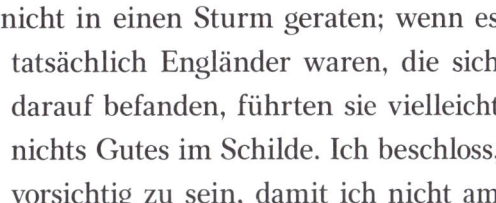

nicht in einen Sturm geraten; wenn es tatsächlich Engländer waren, die sich darauf befanden, führten sie vielleicht nichts Gutes im Schilde. Ich beschloss, vorsichtig zu sein, damit ich nicht am Ende noch Seeräubern und Mördern in die Hände fiel.

Das Boot lief nur eine Viertelmeile unterhalb meines Landungsplatzes auf das flache Ufer auf. Es waren elf Männer an Bord, drei waren gefesselt. Sie schienen zu bitten und zu flehen, als sie nun aus dem Boot an Land befördert wurden, und einer der Männer schlug mit dem Säbel auf die Gefangenen ein. Dann aber liefen die Männer den Strand hinauf, als wollten sie die Insel besichtigen, und ließen die drei Gefesselten im Schatten einer Palme zurück. Nachdem die anderen Männer im Wald verschwunden waren, wo sie sich offensichtlich zu einem Schläfchen niederlegten, näherten Freitag und ich uns den Gefangenen. Sie fuhren erschrocken hoch, als sie uns erblickten. Wir sahen sicher zum Fürchten aus in unseren Fellmützen und behängt mit Waffen. Aber sie sagten kein Wort. Ich sprach sie zunächst auf Spanisch an, worauf sie nicht antworteten, und sagte dann auf Englisch: „Keine Angst, meine Herren, ich komme als Freund."

Daraufhin stand einer der Männer auf, nahm seine Mütze ab und sagte: „Dann hat Euch der Himmel geschickt."

„Ihr seid offensichtlich in Not!", sagte ich. „Wie kann ich Euch helfen?" Der Mann betrachtete mich mit großer Verwunderung und sagte: „Seid Ihr ein Mensch oder ein Engel?"

„Ein Engel wäre sicher besser gekleidet", sagte ich. „Ich bin ein Mensch, ein Engländer, und das ist mein Diener Freitag. Nun berichtet, was Euch hierher geführt hat."

„Unsere Geschichte ist schnell erzählt", sagte der Mann. „Ich war der Kapitän des Schiffes, das Ihr dort liegen seht, und dann ist eine Meuterei ausgebrochen. Die Meuterer haben mich, den Steuermann und einen mitreisenden Fahrgast hier auf diese Insel verschleppt. Wir dachten, sie sei unbewohnt."

„Um die Meuterer kümmern wir uns", sagte ich. „Sollen wir sie erschießen oder gefangen nehmen?"

Der Kapitän erwiderte, es seien zwei ganz üble Burschen unter ihnen, die man besser nicht begnadigte, aber die anderen würden sicher aufgeben, sobald diese beiden beseitigt seien.

„Gut", sagte ich. „Ich verlange zweierlei. Erstens: Auf dieser Insel erteile nur ich die Befehle und alle haben mir zu gehorchen. Und zweitens: Falls die Rückeroberung des Schiffes gelingt, möchte ich, dass Ihr mich und meinen Gefährten unentgeltlich mit nach England nehmt."

Auf diese Bedingungen ging der Kapitän bereitwillig ein und nachdem ich ihre Fesseln gelöst hatte, überreichte ich jedem der Männer eine Waffe und Munition. Gemeinsam liefen wir in den Wald hinüber, wo sich die Meuterer zum Schlafen niedergelegt hatten. Einer von ihnen hörte uns und sprang mit einem Warnruf auf, aber es war zu spät, die beiden Begleiter des Kapitäns hatten schon das Feuer eröffnet. Zwei fielen gleich nieder, einer wurde verletzt, die anderen baten sofort um Gnade. Der Kapitän begnadigte sie, nachdem er sie Treue hatte schwören lassen, aber ich bestand trotzdem darauf, dass sie gefesselt wurden. Nun kamen drei weitere Matrosen herbeigelaufen, offenbar von den Schüssen angelockt. Auch sie ergaben sich schnell, als sie sahen, dass wir in der Überzahl waren. Nachdem wir alle gefesselt hatten, führte ich den Kapitän und seine Begleiter zu meiner Festung. Dort bewirtete ich sie mit Essen und Trinken und erzählte ihnen meine Geschichte. Sie staunten nicht schlecht, aber vor allem bewunderten sie meine Burg und wie gut sie versteckt lag.

Dann überlegten wir, wie wir das Schiff zurückerobern konnten.

„Es sind immer noch sechsundzwanzig Mann an Bord", sagte der Kapitän. „Durch die Meuterei haben sie ihr Leben verspielt. Sie wissen, dass sie an den Galgen kommen, wenn sie nach England zurückgebracht werden, also werden sie kämpfen bis zum letzten Mann. Und da wir in der Unterzahl sind, ist es aussichtslos, sie anzugreifen."

Das klang vernünftig. Wir mussten uns also eine List ausdenken.

Zunächst machten wir das Beiboot, mit dem die Männer an Land gekommen waren, seeuntüchtig und zogen es auf den Strand. Währenddessen hörten wir schon, wie auf dem Schiff ein Kanonenschuss abgegeben wurde, um das Boot zurückzurufen. Dann sahen wir, dass ein zweites Boot zu Wasser gelassen wurde, in dem zehn bewaffnete Männer saßen. Der Kapitän kannte sie alle. „Drei von ihnen sind in Ordnung", sagte er, „und haben wahrscheinlich nur mitgemacht, weil sie unter Druck gesetzt worden sind. Aber der Bootsmann, der das Kommando hat, und alle anderen sind von der übelsten Sorte."

Wir waren zu siebt, denn wir hatten zwei der Gefangenen in unsere Reihen aufgenommen, und so konnten wir es wohl mit den zehn Männern im Boot aufnehmen, denn wir waren bis an die Zähne bewaffnet. Als die Meuterer den Strand erreicht hatten, liefen sie sofort zu dem ersten Boot und waren sehr überrascht, als sie feststellten, dass es ein großes Loch hatte. Dann begannen sie nach den anderen Männern zu rufen und als keine Antwort kam, gaben sie eine Gewehrsalve ab, aber auch darauf kam keine Antwort. Schließlich blieben drei Mann zur Bewachung des Bootes zurück und die übrigen sieben machten sich auf die Suche nach der verlorenen Mannschaft. Sie wanderten durch den Wald und auf das Innere der Insel zu, dann bestiegen sie meinen Aussichtshügel und riefen in alle Richtungen. Da fiel mir etwas ein: Ich schickte Freitag und den Steuermann nach Westen und bat sie, von dort aus laut zu rufen, so als seien sie die vermissten Kameraden. Wenn die Meuterer ihnen dann folgten, sollten sie sie immer weiter ins Innere der Insel locken, selber aber zu uns zurückkehren. Der Plan funktionierte.

Die Meuterer wollten eben wieder in ihr Boot steigen, als Freitag und der Steuermann zu rufen begannen. Daraufhin gaben die Meuterer sofort

Antwort und liefen am Strand entlang, bis sie zu meiner Bucht kamen. Sie winkten das Boot herbei und ließen sich übersetzen – das passte mir gut, denn in der Bucht konnten wir uns am besten an das Boot anschleichen. Sie ließen auch nur zwei Mann zur Bewachung zurück; wir hatten sie im Nu überwältigt. Dann kamen Freitag und der Steuermann aus dem Busch gestürmt und berichteten, die Meuterer würden völlig orientierungslos im Inneren der Insel umherirren. Erst Stunden später sahen wir sie erschöpft zum Strand zurückkehren. Dort mussten sie erschrocken feststellen, dass ihr Boot nun auch ein Leck hatte und die beiden Wachen verschwunden waren. Verzweifelt liefen sie am Strand hin und her, riefen nach den anderen Matrosen und konnten sich keinen Reim auf die Sache machen. Wir blieben im Versteck, rückten aber näher heran. Als der Bootsmann, der ja der Rädelsführer war, und einige Matrosen in die Nähe des Kapitäns kamen, konnte der sich nicht mehr beherrschen und gab Feuer. Der Bootsmann und ein weiterer Matrose starben auf der Stelle. Ein weiterer Mann rannte zurück. Nun ließ ich einen der unseren seinen Kameraden eine Botschaft zurufen: „Legt die Waffen nieder und ergebt euch oder ihr werdet alle sterben!"

„Wem sollen wir uns denn ergeben?", rief einer zurück.

Und die Antwort lautete: „Hier steht der Kapitän mit fünfzig Mann. Der Bootsmann ist tot. Ihr habt keine Chance."

„Können wir auf Gnade hoffen?", fragte der andere.

Nun antwortete der Kapitän, sie sollten sich ergeben und um die Gnade des Gouverneurs der Insel bitten (das war ich). Da legten die Meuterer die Waffen nieder. Wir schickten jemanden zu ihnen, um sie zu fesseln. Dann bemächtigte sich unsere kleine ‚Armee' von fünfzig Mann der Männer und des

Bootes, nur ich hielt mich weiter verborgen, denn ich war ja nun der Gouverneur. Der Kapitän sprach mit den Meuterern und versicherte ihnen, sie seien nun auf Gedeih und Verderb dem englischen Gouverneur dieser durchaus nicht unbewohnten Insel ausgeliefert und sie könnten sich aussuchen, ob sie gleich hier aufgehängt werden wollten oder englischen Gerichten ausgeliefert werden. Das hatte die gewünschte Wirkung – alle flehten um Gnade. Wir ließen sie für die Nacht in die Höhle bringen. Am nächsten Morgen schickte ich den Kapitän zu ihnen. Er stellte sie vor die Wahl, entweder bei der Rückeroberung des Schiffes zu helfen und vom Gouverneur begnadigt zu werden oder aber nach England gebracht und dort verurteilt zu werden. Man kann sich vorstellen, dass die Männer nicht lange über die Entscheidung nachdenken mussten: Sie fielen auf die Knie und versprachen, ihm wieder treu zu dienen. Daraufhin ließ ich den Kapitän die fünf zuverlässigsten Männer auswählen, die mit uns kämpfen sollten; und die anderen beiden sollten zu den Gefangenen in der Höhle gebracht werden. Sollten sich die fünf Kämpfer nicht bewähren, so sollten die Gefangenen in der Höhle alle sterben; damit, so glaubten wir, waren wir sicher, dass die fünf Kämpfer ihr Bestes für uns geben würden.

Insgesamt waren wir nun also vierzehn Mann, unsere Gefangenen saßen in meiner Burg. Ich fragte den Kapitän, ob er bereit sei, mit den zur Verfügung stehenden Männern das Schiff anzugreifen, während Freitag und ich die übrigen Gefangenen bewachten. Er nickte.

Also machten wir die beiden Boote fertig und in der Nacht ruderten sie zum Schiff zurück. Sobald sie in Rufweite waren, rief einer der ehemaligen Meuterer zum Schiff hinüber, sie hätten die anderen und das Boot wiedergefunden. Die beiden Boote legten an und sobald der Steuermann und der Kapitän das Deck betreten hatten, begannen sie zu kämpfen. Es wurde ein kurzes, aber heftiges Gefecht, in dessen Verlauf der Anführer der Meuterer erschossen wurde.

Ich hatte die ganze Zeit am Ufer ausgeharrt und das Geschehen verfolgt. Um zwei Uhr morgens endlich ertönte eine Salve vom Schiff, die mir mitteilte, dass die Aktion erfolgreich gewesen war.

Erschöpft sank ich in tiefen Schlaf.

Die Abreise

Ich erwachte von einem Kanonenschuss. Dann hörte ich, wie jemand „Gouverneur, Gouverneur!" rief, und erkannte die Stimme des Kapitäns.

Ich kletterte auf meinen Aussichtspunkt und da stand er, zeigte auf das Schiff und umarmte mich. „Mein Freund und Retter!", sagte er feierlich. „Dort liegt Euer Schiff, denn es gehört Euch, mit Mannschaft und allem, was dazugehört." Ich richtete meine Augen auf das Schiff, das nun ganz in der Nähe vor Anker gegangen war, sodass der Kapitän mit einem kleinen Beiboot an Land kommen konnte. Ich war vor Überraschung und Freude so überwältigt, dass ich kaum sprechen konnte – niemals war meine Errettung so nah gewesen. Der Kapitän, der sah, was in mir vorging, überhäufte mich mit Ausdrücken des Mitgefühls und gab mir einen kräftigen Schluck zu trinken. Dies alles erschien mir wie eine Kette von wundersamen Ereignissen, mit denen die Vorsehung meine Rettung herbeigeführt hatte. Ich dankte nicht nur dem Kapitän, sondern auch dem Himmel für meine Erlösung.

Sodann ließ der Kapitän einige Dinge für mich an Land bringen: neben Tabak, Fleisch, Gemüse und Schiffszwieback auch frische, neue Kleidung, Schuhe, Strümpfe und sogar einen vollständigen Anzug, der einst dem Kapitän gehört hatte, ihm aber nun zu eng geworden war. Über dieses Geschenk freute ich mich besonders – aber wie unangenehm, steif und unpassend fühlten die Kleider sich in den ersten Tagen an!

Schließlich überlegten wir, was mit den Gefangenen zu tun sei. Sollten wir sie mitnehmen? Der Kapitän versicherte mir, dass zwei der fünf Geiseln unverbesserliche Schurken seien, die durch keinen Akt der Gnade zu bekehren seien. Daher beschlossen wir, dass ich mit ihnen reden und ihnen anbieten sollte, auf der Insel zurückzubleiben.

In meinem neuen Anzug trat ich dann in meiner Eigenschaft als Gouverneur der Insel vor sie und sagte: „Ihr alle habt euch der Meuterei schuldig gemacht und euer Anführer hat bereits seinen gerechten Lohn dafür erhalten. Es ist nun an mir, euch ebenfalls zu bestrafen."

Darauf antworteten sie, dass man ihnen bei der Gefangennahme versprochen habe, ihr Leben zu schonen.

„Ich weiß nicht, welche Gnade ich euch erweisen könnte", antwortete ich, „denn ich habe beschlossen, die Insel mit dem Schiff zu verlassen, und wenn wir euch mitnehmen, müssen wir euch den englischen Gerichten ausliefern. Das bedeutet euren sicheren Tod. Ich kann euch daher keinen anderen Vorschlag machen, als den, euch auf der Insel zurückzulassen und euch dadurch euer Leben zu schenken."

Damit waren die Gefangenen nur zu gern einverstanden. So wurde es also beschlossen.

Ich erklärte ihnen, was sie auf der Insel vorfinden würden, zeigte ihnen meine Festung und mein Landhaus und unterwies sie in allem, was sie für ihr Überleben brauchen würden: Wie man das Getreide säte und erntete, wie man Brot backen konnte, wie die Ziegen versorgt und gemolken wurden und wie man Butter und Käse zubereitete.

Ich bereitete sie außerdem darauf vor, dass sechzehn Spanier auf der Insel eintreffen würden, ließ einen Brief für sie zurück und nahm ihnen das Versprechen ab, sie friedlich aufzunehmen und die Insel mit ihnen zu teilen. Schließlich übergab ich ihnen meine Gewehre und Pistolen, drei Säbel und drei Fässer mit Pulver.

Tags darauf begab ich mich mit meinem treuen Freitag an Bord. Am nächsten Morgen kamen zwei von den Zurückgelassenen zum Schiff herübergeschwommen. Sie flehten uns an, sie mitzunehmen, auch wenn der Kapitän sie hängen wolle – denn sonst würden die anderen drei auf der Insel sie sicher ermorden. Ich überredete den Kapitän, sie aufzunehmen, und es wurden später noch ganz brauchbare Seeleute aus ihnen.

Beim Abschied von der Insel nahm ich ein paar Erinnerungsstücke mit: meine Ziegenfellmütze, den Sonnenschirm, und meinen Papagei. Auch das Geld und die Goldvorräte vergaß ich nicht. Und so verließ ich also am 19. Dezember 1684 die Insel, auf der ich achtundzwanzig Jahre, zwei Monate und neunzehn Tag zugebracht hatte.

Nach langer Fahrt und nachdem ich fünfunddreißig Jahre lang fort gewesen war, betrat ich am 11. Juni 1685 wieder englischen Boden.

Mein weiteres Schicksal

In meinem Heimatland war ich nun ein Fremder; niemand kannte mich mehr. Meine treue Haushälterin lebte zwar noch, war aber schon zum zweiten Mal verwitwet und in finanzielle Schwierigkeiten geraten. Ich half ihr, so gut ich konnte. Dann reiste ich nach York. Meine Eltern waren inzwischen gestorben und von meiner Familie lebten nur noch zwei Schwestern und zwei Kinder meines Bruders. Da man mich für tot gehalten hatte, war natürlich auch nichts aus dem Erbe meiner Eltern für mich aufbewahrt worden. Da kam von unerwarteter Seite ein Geschenk: Der Kapitän des Schiffes hatte mit dem Schiffseigner gesprochen und dieser übergab mir zusammen mit einigen beteiligten Kaufleuten als Zeichen seiner Dankbarkeit eine Summe von 200 englischen Pfund. Dennoch reichte auch dies nicht zur Gründung einer neuen Existenz. Deshalb beschloss ich, nach Lissabon zu reisen, um in Erfahrung zu bringen, was aus meinen Plantagen geworden war.

Also begab ich mich mit meinem treuen Freitag wieder auf ein Schiff und erreichte im April des folgenden Jahres Lissabon. Dort traf ich zu meiner großen Freude meinen alten Freund, den Kapitän, wieder, der mich nach meiner Flucht von den Seeräubern gerettet hatte. Er hatte sich aus der Seefahrt zurückgezogen und die Geschäfte seinem Sohn übergeben. Er war selber zum letzten Mal vor neun Jahren in Brasilien gewesen und berichtete mir, dass meine Plantagen dem königlichen Finanzverwalter übergeben worden waren, da man mich für tot hielt. Ein Drittel der Einkünfte waren an die portugiesische Krone gegangen und zwei Drittel an ein Kloster, zur Verteilung an die Armen. Er sei sich aber sicher, dass man mich entschädigen würde, wenn ich mich dort meldete. Er half mir nun, von Lissabon aus meine Ansprüche auf die Plantagen geltend zu machen und zu beweisen, dass ich noch lebte. Und sieben Monate später erhielt ich von den Söhnen meiner damaligen Geschäftspartner ein großes Paket. Es enthielt die gesamte Abrechnung der Jahre, in denen ich verschollen gewesen war, und ich stellte fest, dass ich fünf-

tausend englische Pfund besaß und darüber hinaus ein großes Gut in Brasilien, das jährlich tausend Pfund einbrachte. Mit anderen Worten: Ich war reich.

Als Erstes bedankte ich mich bei meinem alten Freund, dem Kapitän, und machte ihn zum Verwalter meiner Einkünfte aus den Plantagen. Dann schickte ich meinen Schwestern und meiner Haushälterin Geld und schrieb nach Brasilien, dass ich meine Plantagen verkaufen wolle. Nachdem auch das geregelt war, hatte ich keinerlei Sorgen mehr.

Man hätte denken sollen, dass ich nach all diesen Erlebnissen keine Lust mehr auf weitere Abenteuer gehabt hätte; aber ich war nun einmal an ein Vagabundenleben gewöhnt, ich hatte keine Familie und kaum Bekannte. Und obwohl ich meinen Besitz in Brasilien verkauft hatte, musste ich dauernd an Brasilien denken. Auch hätte ich zu gerne meiner Insel einen Besuch abgestattet um zu sehen, wie es den Spaniern dort ergangen war.

Meine Freundin, die Witwe, riet mir dringend davon ab und so blieb ich immerhin sieben Jahre lang zu Hause. Ich nahm die beiden Söhne meines Bruders in meine Obhut; den Ältesten erzog ich als Gentleman und sorgte für seine Zukunft, den anderen schickte ich zu einem Kapitän auf einem Schiff in die Lehre und nach fünf Jahren war ein mutiger und fähiger Seemann aus ihm geworden. Und genau dieser Junge war es, der mich dann erneut zur Seefahrt verführte.

Als er von einer Reise nach Spanien heimkehrte, fragte er mich, ob ich nicht auf seinem Schiff eine Handelsreise nach Ostasien antreten wolle. Das war im Jahr 1694.

Auf dieser Reise ergab sich auch die Gelegenheit, meine Insel zu besuchen, und so erfuhr ich diese Geschichte:

Nachdem ich die Insel verlassen hatte, empfingen die zurückgelassenen Meuterer die neu dazukommenden Spanier keineswegs so freundlich, wie sie versprochen hatten, und es brach ein längerer Kleinkrieg zwischen beiden Parteien aus, bis sich schließlich die Spanier gezwungen sahen, die Engländer mit Gewalt zu unterwerfen. Aber auch mit den Eingeborenen hatte es Kämpfe gegeben, denn sie waren noch mehrmals auf der Insel gelandet. Fünf Spanier hatten sich auch einmal ans Festland gewagt und elf Gefangene genommen, darunter fünf Frauen. Und so kam es, dass ich bei meiner Ankunft etwa zwanzig Kinder auf der Insel vorfand.

Ich blieb zwanzig Tage. Mitgebracht hatte ich nicht nur neue Vorräte an Waffen und Munition, sondern auch Kleider, Werkzeug und sogar zwei Handwerker, nämlich einen Zimmermann und einen Schmied. Darüber hinaus teilte ich die Insel unter uns auf. Sie blieb zwar in meinem Besitz, aber ich teilte den Spaniern die Bereiche darauf zu, die sie haben wollten.

Von dort aus reiste ich weiter nach Brasilien. Ich rüstete ein Schiff aus und brachte weitere Vorräte und Siedler auf die Insel, auch sieben Frauen. Den Engländern unter den Siedlern versprach ich, englische Frauen und weitere Vorräte zu ihnen zu bringen, wenn sie auf der Insel Plantagen anlegen würden. Das taten sie tatsächlich und so bekamen auch sie einen Teil der Insel zugesprochen.

Später gab es dann weitere Überfälle der Eingeborenen, bei denen die Plantagen verwüstet und einige Menschen getötet wurden. Aber von all diesen Dingen und von einigen überraschenden Abenteuern, die mir selbst in den nächsten zehn Jahren widerfuhren, werde ich an anderer Stelle ausführlich berichten.

Robert Louis Stevenson

Die Schatzinsel

Der alte Seebär im „Admiral Benbow"

Squire Trelawney, Dr. Livesey und die anderen Gentlemen haben mich gebeten, die Geschichte der Schatzinsel von Anfang bis Ende niederzuschreiben. So greife ich also zur Feder und beginne in der Zeit, als mein Vater noch das Gasthaus „Zum Admiral Benbow" führte und der wettergegerbte alte Seebär mit der Narbe im Gesicht bei uns Quartier nahm. Ich erinnere mich noch genau, wie er damals zum ersten Mal schwerfällig die Tür unserer Gaststube ansteuerte. Er war ein großer, kräftiger, braun gebrannter Mann mit einem Matrosenzopf und in einem schmuddeligen blauen Rock. Außerdem hatte ich noch deutlich vor Augen, wie er über die Bucht blickte und dabei vor sich hin pfiff. Dann stimmte er das alte Seemannslied an, das er später so oft sang: „Fünfzehn Mann auf des toten Manns Kiste – Jo-ho-ho und 'ne Buddel voll Rum!"

Er schlug mit seinem Stock an die Tür und als mein Vater erschien, verlangte er barsch nach einem Glas Rum. Es wurde ihm gebracht und er trank es langsam aus, wie ein Genießer.

„Hübsche Bucht", sagte er schließlich. „Gute Lage für eine Kneipe. Viel los hier, Kumpel?"

„Leider nicht", entgegnete mein Vater.

„Dann", sagte er, „werde ich hier anlegen. Dreht hier bei, Meister", rief er dem Mann zu, der seine Seemannskiste auf einem Karren hinter ihm her geschoben hatte, „und schafft meine Kiste nach oben."

Dann fuhr er fort: „Ihr könnt Käpt'n zu mir sagen und hier habt Ihr was fürs Erste." Er warf vier Goldmünzen auf die Schwelle und blickte dabei tatsächlich so grimmig drein wie der Kommandant eines Schiffes.

Er war ein schweigsamer Mensch. Den ganzen Tag lungerte er in der Bucht herum, das Fernrohr unter dem Arm, und abends saß er in einer Ecke der Gaststube und trank Rum. Wenn er von seinen Spaziergängen auf den Klippen zurückkam, erkundigte er sich stets, ob irgendwelche Seeleute vorbeigekommen seien. Erst dachten wir, er suche Gleichgesinnte. Aber dann verstanden wir, dass er ihnen aus dem Weg gehen wollte. Eines Tages nahm er mich beiseite und versprach mir zu jedem Monatsersten ein Vier-Penny-Stück, wenn ich die Augen offenhielt nach einem einbeinigen Seemann. Sobald er auftauchte, sollte ich ihm Bescheid sagen.

Wie sehr mich dieser Mensch in meinen Träumen heimsuchte, brauche ich wohl kaum zu sagen. In stürmischen Nächten, wenn der Wind an allen vier Hausecken rüttelte und die Brandung an den Klippen brüllte, sah ich den Einbeinigen in tausenderlei Gestalt und mit tausend teuflischen Gesichtern. Vor dem Käpt'n selber hatte ich dagegen weit weniger Angst als die meisten anderen. Es gab Abende, an denen er mehr Rum trank, als er vertragen konnte, und dann saß er da und sang seine wilden, raubeinigen Seemannslieder, schmiss eine Runde für alle und zwang die ganze zitternde Gesellschaft, in seine Lieder einzustimmen oder seinen Geschichten zu lauschen. Seine Geschichten jagten den Leuten die meiste Angst ein. Es waren grässliche Erzählungen vom Aufhängen und wie man Seeleute über die Planke jagte, von wilden

Stürmen auf See und der Seeräuberinsel Tortuga. Wenn man ihm glaubte, dann hatte er sein Leben unter den bösartigsten Menschen zugebracht, die jemals das Meer befahren haben.

Meine Mutter befürchtete, er würde die Gäste vertreiben, aber ich glaube, sie genossen heimlich den Kitzel der Furcht und des Schauders. In anderer Hinsicht drohte der Käpt'n uns allerdings zu ruinieren, denn Wochen und Monate vergingen, ohne dass er uns mehr zahlte als die ersten vier Goldstücke. Wann immer mein Vater sich ein Herz fasste und ihn darauf ansprach, schnaubte der Käpt'n nur laut durch die Nase wie ein Nebelhorn und starrte ihn so lange an, bis er schweigend den Rückzug antrat.

Nur ein einziges Mal wagte es jemand, dem Käpt'n zu widersprechen. Zu diesem Zeitpunkt war die Krankheit meines Vaters schon weit fortgeschritten. Nachmittags war Dr. Livesey gekommen, um nach ihm zu sehen, und rauchte anschließend in der Gaststube noch eine Pfeife. Einen größeren Kontrast als den zwischen dem adrett gekleideten Doktor mit seiner schneeweißen Perücke und seinen feinen Manieren und der schmuddeligen, triefäugigen Vogelscheuche von Pirat kann man sich kaum vorstellen. Der Käpt'n saß an seinem Tisch in der Ecke, die Arme auf den Tisch gestützt und umnebelt vom Rum, und begann, sein Lied anzustimmen. Der Doktor blickte ärgerlich auf und setzte dann sein Gespräch mit dem alten Taylor fort. Aber der Käpt'n kam allmählich in Fahrt und schließlich knallte er die Hand auf den Tisch. Alle Stimmen im Raum erstarben augenblicklich. Alle, außer der des Doktors. Er redete einfach weiter. Der Käpt'n starrte ihn eine Weile böse an, dann schlug er erneut mit der Hand auf den Tisch und brüllte: „Ruhe im Zwischendeck!"

„Sprecht Ihr mit mir, mein Herr?", fragte der Doktor ruhig. Und als der Käpt'n dies fluchend bestätigte, fuhr er fort: „Dann habe ich Euch nur noch dies Eine zu sagen: Wenn Ihr so weitertrinkt, dann wird die Welt sehr bald von einem dreckigen Gauner befreit sein."

Die Wut des Käpt'ns war fürchterlich. Er sprang auf, zückte sein Klappmesser und drohte, den Doktor damit an die Wand zu nageln. Der Doktor zuckte mit keiner Wimper. Er warf ihm über die Schulter einen Blick zu und sagte mit derselben klaren, festen und gelassenen Stimme: „Wenn Ihr nicht sofort das Messer weglegt, dann werdet Ihr, das verspreche ich, am nächsten Gerichtstag hängen." Die beiden maßen sich eine Zeitlang mit Blicken. Dann senkte der Käpt'n den Kopf, steckte sein Messer weg und schlich wie ein geprügelter Hund zurück auf seinen Platz.

„Und nun, mein Herr", sagte der Doktor, „da ich weiß, was für ein Schurke sich hier in meinem Bezirk aufhält, könnt Ihr sicher sein, dass ich Euch im Auge behalte. Denn ich bin nicht nur Arzt, sondern auch Amtsperson. Und wenn ich auch nur die leiseste Klage über Euch höre, werde ich Euch hier aus dem Haus vertreiben, lasst Euch das gesagt sein!"

Für diesen Abend gab der Käpt'n Ruhe.

Der Schwarze Hund erscheint und verschwindet wieder

Nicht lange danach trug sich das erste von mehreren geheimnisvollen Ereignissen zu, die uns schließlich vom Käpt'n befreiten. Es war an einem beißend kalten Januarmorgen und der Käpt'n war etwas früher als sonst spazieren gegangen. Ich deckte gerade den Frühstückstisch, als die Tür der Gaststube aufging und ein Mann hereinkam, den ich noch nie gesehen hatte. Er war ein blasser, teigiger Mensch, dem zwei Finger an der linken Hand fehlten. Obwohl er ein Entermesser trug, wirkte er nicht sehr kriegerisch. Er setzte sich an einen Tisch und bestellte Rum; doch dann winkte er mich zu sich heran und fragte mit einem lauernden Blick: „Ist

dieser Tisch hier etwa für meinen Maat Bill gedeckt?" Ich antwortete, ich kenne keinen Maat Bill und dieser Tisch hier sei für den Käpt'n gedeckt.

„Na gut", sagte er, „meinen Maat Bill kann man Käpt'n nennen oder auch nicht; er hat eine Narbe auf der Backe und ein mächtig feines Wesen, mein Maat Bill, besonders, wenn er besoffen ist. Also ist er nun hier oder nicht?"

Ich antwortete, er sei ausgegangen, müsse aber bald zurück sein.

Bald darauf marschierte der Käpt'n herein, schlug

die Tür hinter sich zu und steuerte, ohne rechts und links zu blicken, gleich den gedeckten Frühstückstisch an.

„Bill!", rief der Fremde ihn an.

Der Käpt'n fuhr herum und alle Farbe wich aus seinem Gesicht.

„Du erinnerst dich doch wohl an einen alten Kameraden, was, Bill?", sagte der Fremde.

Der Käpt'n schnappte nach Luft. „Der Schwarze Hund!"

„Wer sonst?", entgegnete der Fremde. „Der gute alte Schwarze Hund, der gekommen ist, um seinen Maat Bill zu sehen."

„Was willst du?", fragte der Käpt'n barsch.

„Bill, wie er leibt und lebt", erwiderte der Fremde. „Aber recht hast du. Setzen wir uns und reden wir; und das Jungchen hier kann uns einen Rum bringen."

Als ich mit dem Rum in die Gaststube zurückkehrte, hatten sie sich zu beiden Seiten des gedeckten Tisches niedergelassen. Aber sobald ich den Rum vor ihnen abgesetzt hatte, schickte der Fremde mich weg. Ich zog mich an die Bar zurück. So sehr ich mich auch bemühte, ich konnte von ihrem Gespräch nicht mehr als leises Gemurmel hören. Dann schien der Raum plötzlich zu explodieren von Flüchen und lauten Geräuschen – Tisch und Stühle flogen übereinander, Stahl klirrte, dann ein lauter Schmerzensschrei … Und im nächsten Moment sah ich den Schwarzen Hund in wilder Flucht durch die Gaststube stürmen, den Käpt'n dicht auf seinen Fersen, beide mit gezogenem Entermesser. Der Schwarze Hund blutete; und genau in der Tür holte der Käpt'n zu einem weiteren heftigen Hieb mit dem Messer aus, der dem Fremden sicher den Rücken zerschmettert hätte, wenn das Messer nicht am Wirtshausschild hängen geblieben wäre. Damit war der Kampf vorbei. Der Schwarze Hund stürzte hinaus. Der Käpt'n stand im Türrahmen, starrte verständnislos auf das Wirtshausschild und fuhr sich mit der Hand über die Augen.

„Jim", sagte er und schwankte ein wenig. „Rum!"

Ich lief los, um welchen zu holen. Weil ich vor lauter Aufregung am ganzen Körper zitterte, brauchte ich etwas länger als sonst und als ich zurückkam, lag der Käpt'n der Länge nach auf dem Boden. Gleichzeitig kam meine Mutter von oben herbeigestürzt, alarmiert durch die Schreie und den Krach. Gemeinsam versuchten wir, den Käpt'n anzuheben und ihm etwas Rum einzuflößen. Er atmete schwer und sein Gesicht war aschfahl, seine Augen geschlossen und seine Kiefer fest aufeinandergepresst. Es war ein glücklicher Zufall, dass gerade in diesem Moment Dr. Livesey zu Tür hereinkam, um nach meinem Vater zu sehen.

„Oh Doktor!", riefen wir. „Er ist verwundet! Was sollen wir tun?"

„Verwundet?", entgegnete der Doktor. „Mitnichten! Ihn hat der Schlag getroffen, genau, wie ich es ihm prophezeit habe!"

Als der Doktor den Ärmel des Käpt'ns aufschlitzte, kamen mehrere Tätowierungen zum Vorschein. „Guten Wind" und „Billy Bones seine Liebste" stand da auf dem Unterarm und an der Schulter war ein Bild von einem Mann am Galgen zu sehen.

„Nun, Billy Bones!", sagte der Doktor trocken. „Dann wollen wir mal dein wertloses Leben retten!" Er machte sich ans Werk, aber es dauerte eine ziemliche Weile, bis der Käpt'n zum ersten Mal wieder die Augen aufschlug.

Sofort fuhr er hoch und rief: „Wo ist der Schwarze Hund?"

„Hier gibt es keinen Schwarzen Hund, Mr. Bones!", sagte der Doktor. „Und Euch habe ich gerade an einem Ohr aus dem Grab gezogen."

„Ich heiße nicht Bones", brummte der Käpt'n.

„Ist mir egal", sagte der Doktor. „Aber wenn Ihr weitertrinkt, seid Ihr tot. Habt Ihr das verstanden?" Gemeinsam hievten wir ihn nach oben ins Bett. Wie leblos fiel er in die Kissen. Der Doktor nahm mich am Arm. „Das war noch nicht so schlimm", sagte er. „Aber der nächste Schlag wird ihn umbringen."

Der schwarze Fleck

Gegen Mittag ging ich mit kühlen Getränken und Medizin zum Käpt'n. „Jim", sagte er, „du bist der Einzige hier, der etwas taugt, und du weißt, dass ich immer gut zu dir war. Und nun bin ich am Boden und von allen verlassen und du bringst mir jetzt ein großes Glas Rum, ja, machst du das, mein Freund?"

„Aber der Doktor …", fing ich an.

Er unterbrach mich. „Was weiß der Doktor schon von Seeleuten", schimpfte er. „Ohne mein Schlückchen Rum kriege ich das kalte Grausen."

Schließlich gab ich nach und holte ihm ein kleines Glas – was sollte es schaden?

Er trank es gierig aus. „Schon besser!", sagte er. „Und jetzt, Jungchen, sag mir, wie lange ich hier liegen muss."

„Eine Woche, sagt der Doktor", erwiderte ich.

„Donnerkeil!", schrie er auf. „Eine Woche! Das geht nicht; bis dahin haben sie mir den schwarzen Fleck gebracht. Das verdammte Pack ist schon dabei, mir den Wind abzugewinnen. Erst können sie nicht halten, was sie haben, und dann beklauen sie einen anderen. Benimmt sich so vielleicht ein guter Seemann, möchte ich wissen. Aber ich fürchte mich nicht vor diesem Pack. Denen werd' ich's zeigen!" Er richtete sich halb auf und griff so fest nach meiner Schulter, dass ich vor Schmerzen aufschrie.

„Jim", sagte er eindringlich, „wenn ich hier nicht wegkomme und sie schicken mir den schwarzen Fleck, dann musst du wissen, es ist meine alte Seekiste, hinter der sie her sind. Dann setzt du dich auf ein Pferd – du kannst doch reiten, Jungchen, oder? – und galoppierst zu diesem dämlichen Doktor und sagst ihm, er soll alle zusammentrommeln. Dann kann er die ganze Mannschaft vom alten Flint, oder was von ihr noch übrig ist, hier an Bord der „Admiral Benbow" hopsnehmen. Ich war sein Maat, das war ich, der Maat vom alten Flint, und ich bin der Einzige, der den Platz kennt. Aber du darfst nichts verraten, bevor sie mir den schwarzen Fleck gebracht haben oder du den Schwarzen Hund wiedersiehst oder den Einbeinigen ..."

„Was ist der schwarze Fleck?", fragte ich.

„Eine Vorladung, Kumpel", antwortete er. „Das erklär ich dir später. Halt du nur die Augen offen, dann machen wir halbe-halbe, bei meiner Ehre!"

Mit diesen Worten fiel er zurück in die Kissen und in einen tiefen Schlaf.

Was ich getan hätte, wenn alles gut verlaufen wäre, weiß ich nicht; aber in dieser Nacht starb mein Vater und das drängte alles andere in den Hintergrund. Unsere Trauer, die Besuche der Nachbarn, die Beerdigung und die ganze Arbeit im Gasthaus hielten mich so auf Trab, dass ich keine Zeit hatte, über den Käpt'n nachzudenken. Am nächsten Morgen saß er wie immer unten in der Schankstube, aber er wurde täglich schwächer und verließ das Haus nicht mehr.

Am Tag nach der Beerdigung sah ich einen Mann die Straße entlangkommen. Er schien blind zu sein, denn er tastete mit einem Stock vor sich her und trug eine Binde über den Augen. Er ging gebückt, als sei er alt oder krank, und trug einen zerfetzten Kapuzenmantel. Niemals habe ich eine grauenhaftere Gestalt gesehen. Vor dem Gasthaus hielt er an und sagte in einem seltsamen Singsang ins Blaue hinein: „Ist hier eine gute Seele, die einem armen alten blinden Mann sagen kann, wo er sich gerade befindet?"

„Ihr steht vor dem ‚Admiral Benbow', guter Mann", antwortete ich.

„Gib mir deine Hand, junger Freund, und führe mich hinein!"
Ich streckte meine Hand aus und die grässliche augenlose Gestalt ergriff
sie wie ein Schraubstock. Mit einem Ruck zog er mich zu sich heran und
flüsterte: „Und nun, mein Freund, bring mich zum Käpt'n."

„Mein Herr", sagte ich, „das wage ich nicht."

„Ach so ist das!", höhnte er und drehte mir den Arm um, dass ich vor
Schmerz aufschrie. „Los, beweg dich!" Plötzlich war seine Stimme kalt
und grausam. Sie jagte mir mehr Angst ein als der Schmerz und ich gehorchte ihm. In der Gaststube saß der kranke alte Seemann und trank.
Aber als er aufblickte, war sein Rausch plötzlich wie weggeblasen.

„Bleib ruhig sitzen, Bill!", sagte der Bettler. „Gib mir seine linke Hand,
Junge!" Ich tat, wie mir befohlen, und sah, wie er etwas aus der hohlen
Hand in die Hand des Käpt'ns gleiten ließ.

„Das wäre erledigt", sagte der Blinde. Im selben Moment ließ er mich los und schlüpfte mit unglaublicher Wendigkeit aus der Stube hinaus auf die Straße.

Der Käpt'n und ich brauchten eine Weile, um wieder zu Sinnen zu kommen; dann öffnete der Käpt'n seine Hand und schaute hinein. „Zehn Uhr!", rief er aus. „Sechs Stunden! Das schaffen wir noch!" Er sprang auf. Aber mitten in der Bewegung fasste er sich plötzlich an die Kehle, schwankte einen Moment und fiel dann auf dem Rücken auf den Boden. Ihn hatte der Schlag getroffen.

Ich hatte ihn nie gemocht, aber als ich sah, dass er tot war, brach ich in Tränen aus. Das war der zweite Todesfall, den ich erlebte, und der Kummer über den ersten war noch frisch in meinem Herzen.

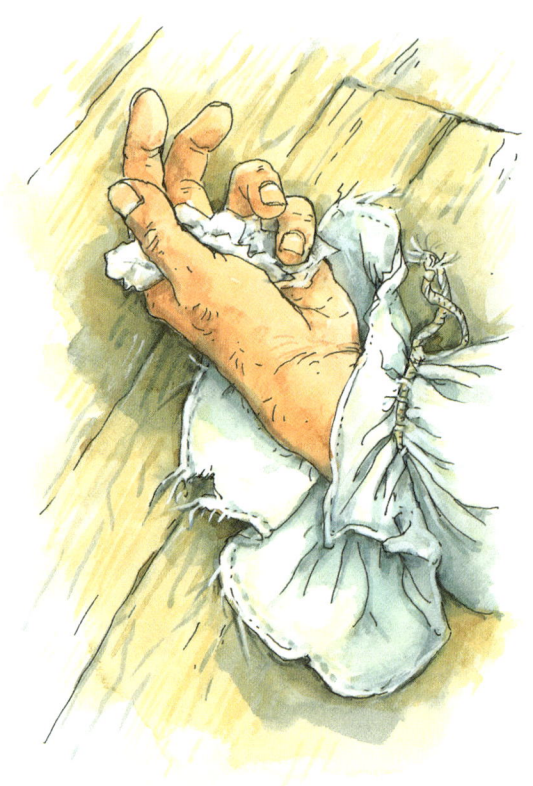

Die Seekiste

Meine Mutter und ich sahen uns plötzlich in einer schwierigen Lage. Wenn der Käpt'n überhaupt Geld hatte, dann gehörte ein Teil davon uns, denn er hatte ja seine Zeche nicht bezahlt. Aber die Schiffskameraden des Käpt'ns würden sicher nicht auf einen Teil ihrer Beute verzichten wollen. Und wenn ich nun tatsächlich aufs Pferd stieg, um Dr. Livesey zu alarmieren, musste ich meine Mutter ganz allein zurücklassen. Daran war nicht zu denken. Dennoch konnten wir nicht im Haus bleiben. Also liefen wir, ohne zu zögern, in die kalte Abenddämmerung hinaus, um Hilfe im nächsten Dorf zu suchen. Aber wie sich herausstellte, war keine Menschenseele bereit, mit uns zum Gasthaus zurückzukehren. Der Name Flint schien nur allzu bekannt zu sein und er löste großes Entsetzen aus. Die Dorfbewohner gaben mir eine Pistole mit und versprachen, einen Burschen zum Doktor zu schicken, damit er bewaffnete Verstärkung mitbrachte. Das war alles.

Also kehrten meine Mutter und ich alleine zum Gasthaus zurück. Trotz unserer Angst erreichten wir es unbehelligt und ohne etwas Verdächtiges zu bemerken. Mit einem Seufzer der Erleichterung verriegelte ich hinter uns die Tür. Dann holte meine Mutter eine Kerze und wir gingen in die Gaststube. Dort lag noch immer der Leichnam des Käpt'ns, auf dem Rücken, mit weit geöffneten Augen und ausgebreiteten Armen. Neben seiner Hand lag ein kleines, rundes Stück Papier, das auf einer Seite geschwärzt war: der schwarze Fleck. Darauf stand: „Du hast Zeit bis heute Abend zehn Uhr." Das war eine gute Nachricht, denn es war erst sechs.

„Also Jim", sagte meine Mutter. „Der Schlüssel."

Ich durchsuchte ihn mit einiger Überwindung und fand schließlich einen Schlüssel, der an einer Schnur um seinen Hals hing. Wir eilten nach oben in den kleinen Raum, in dem er so lange gelebt hatte, schlossen die Kiste auf und klappten den Deckel zurück. Ein starker Geruch nach Tabak und Teer schlug uns entgegen. Zuoberst fanden wir nichts weiter als einen Anzug, der offenbar noch nie getragen worden war. Darunter kamen ein Quadrant, eine Zinnkanne, mehrere Päckchen Tabak, zwei Paar Pistolen, ein Barren Silber, eine alte Uhr, einige Schmuckstücke, ein Zirkel und mehrere Muscheln zum Vorschein. Ganz unten lag ein alter Bootsmantel. Meine Mutter zog ihn ungeduldig heraus. Nun enthielt die Kiste nur noch zwei Dinge: ein in Wachstuch gewickeltes Päckchen und ein Säckchen mit Münzen.

„Ich werde mir nur das nehmen, was er uns schuldig ist", sagte meine Mutter. Und damit begann sie, die Münzen einzeln abzuzählen. Die Münzen kamen aus verschiedenen Ländern und es dauerte eine Weile, die vereinzelten Guineen dazwischen herauszusuchen. Als wir etwa die Hälfte durchgesehen hatten, hörte ich plötzlich ein Geräusch, das mir das Herz bis zum Hals schlagen ließ: das Klopfen eines Stockes auf der gefrorenen Straße. Es kam näher und näher. Dann schlug der Stock hart an die Tür und wir hörten, wie an der Tür gerüttelt wurde. Danach entfernte sich das Klopfen des Stockes wieder.

„Mutter!", sagte ich. „Nimm einfach alles mit, wir müssen hier weg!"

„Es ist doch erst sieben", antwortete meine Mutter. Doch dann hörten wir einen Pfiff von der Anhöhe, und das war genug für uns beide.

„Ich nehme, was ich habe!", sagte meine Mutter und sprang auf. „Und ich nehme das hier!", sagte ich und schnappte mir das Wachstuch-Päckchen. Im nächsten Moment tasteten wir uns im Dunkeln die Treppe hinunter und liefen zur Hintertür hinaus; die Kerze ließen wir an der See-kiste zurück. Wir waren keine Sekunde zu früh. Hinter uns hörten wir schnelle Schritte und als wir zurückblickten, sahen wir das schwankende Licht einer Laterne. Mehrere Personen näherten sich im Laufschritt dem Gasthaus.

„Mein Junge", sagte meine Mutter plötzlich. „Nimm das Geld und lauf – ich werde ohnmächtig!"

Jetzt ist es aus mit uns, dachte ich. Wir hatten gerade die kleine Brücke erreicht und ich half ihr bis an den Rand der Böschung, wo sie zusammenbrach. Ich weiß nicht wie, aber es gelang mir, sie halb unter die Brücke zu ziehen, und da kauerten wir nun, ziemlich gut sichtbar im Mondlicht und in Hörweite des Gasthauses.

Das Ende des Blinden

Meine Neugier war stärker als meine Furcht. Ich kroch die Böschung wieder hinauf und behielt die Straße im Auge. Schon sah ich sieben oder acht Mann herbeilaufen. Drei von ihnen hielten sich an der Hand und ich erkannte, dass der Mann in ihrer Mitte der Blinde war. „Brecht die Tür auf!", schrie er.

„Aye-aye, Sir!", kam die Antwort. Die Männer hielten vor dem „Admiral Benbow" an und tuschelten und schienen erstaunt zu sein, die Tür offen zu finden. Dann verschwanden fünf von ihnen im Haus und zwei warteten draußen zusammen mit dem Blinden. Kurz darauf hörte man einen überraschten Ausruf: „Bill ist tot!"

„Durchsucht ihn!", rief der Blinde. „Holt die Kiste!"

Man hörte sie die Treppe hinaufpoltern und schon kam der nächste erstaunte Ausruf.

„Pew! Jemand war schneller als wir! Die Kiste ist durchwühlt!“

„Ist es da?“, brüllte Pew.

„Das Geld ist da.“

„Zum Teufel mit dem Geld! Flints Zeichnung meine ich!“

„Wir können nichts finden!“

„Das war dieser verdammte Junge!“, fluchte der Blinde, den sie Pew nannten. „Hätte ich ihm doch bloß die Augen ausgekratzt! Verteilt euch, Leute, und sucht sie!“

Darauf folgte ein großer Lärm in unserem Gasthaus, das Geräusch von polternden Schritten, herumfliegenden Möbeln und eingetretenen Türen, und dann kamen die Männer der Reihe nach auf die Straße hinaus. In diesem Moment ertönte ein weiteres Mal ein Pfiff von der Anhöhe.

„Da! Das war Dirk!“, sagte einer. „Wir müssen hier verduften.“

„Feiglinge seid ihr!“, schimpfte der Blinde. „Sie können nicht weit sein. Sucht sie, ihr Schufte! Ihr wollt doch wohl jetzt nicht aufgeben!“

Doch nun erklang von der Anhöhe ein weiteres Geräusch: das Trappeln von Hufen. Nahezu gleichzeitig kam aus der anderen Richtung ein Pistolenschuss. Das war offenbar das vereinbarte Zeichen für höchste Gefahr, denn die Piraten drehten sich augenblicklich um und rannten wie die Hasen in alle Richtungen. Nur Pew blieb zurück, tappte wütend auf der Straße hin und her und schrie nach seinen Kameraden, die ihn verlassen hatten. In seiner Verzweiflung wandte er sich in die falsche Richtung, nämlich die Straße hinunter zur Brücke.

Gleichzeitig kamen vier oder fünf Reiter den Abhang hinuntergaloppiert. Pew erkannte seinen Irrtum, kehrte um und fiel in den Graben. Nun völlig verwirrt, rappelte er sich auf, krabbelte zurück auf die Straße – und landete direkt unter den Hufen des ersten Pferdes. Er schrie auf, fiel auf die Seite und rührte sich nicht mehr. Ich sprang aus meinem Versteck und rief die Reiter an. Nun sah ich, wer sie waren: der Bursche aus dem Dorf und Zollbeamte, die er unterwegs getroffen hatte. Sie waren mit Inspektor Dance auf dem Weg zur Bucht gewesen, weil man dort das Schiff der Piraten gesichtet und für ein Schmugglerschiff gehalten hatte.

Pew war mausetot. Meine Mutter brachten wir ins Dorf, wo sie sich schnell erholte. In der Zwischenzeit ritt der Inspektor zur Bucht hinunter. Aber als er mit seinen Männern am Ankerplatz des Schiffes angekommen war, hatten die Piraten bereits Segel gesetzt und waren auf und davon.

Gemeinsam mit dem Inspektor kehrte ich ins Gasthaus zurück. Man kann sich kaum vorstellen, wie es dort aussah: Die Männer hatten zwar nichts mitgenommen, aber sie hatten alles kurz und klein geschlagen. Wir waren ruiniert.

„Was haben sie denn gesucht?", fragte der Inspektor verwundert. „Ich glaube", antwortete ich, „das, was ich in meiner Brusttasche habe. Ich würde es gerne in Sicherheit bringen. Ich dachte, Doktor Livesey könnte es vielleicht …"

„Ausgezeichnete Idee!", unterbrach mich der Inspektor. „Er ist ein Ehrenmann und eine Amtsperson. Wenn du möchtest, kann ich dich gleich zu ihm mitnehmen, Hawkins."

Ich dankte ihm für das Angebot und nachdem wir meiner Mutter Bescheid gesagt hatten, machten wir uns auf den Weg.

Die Papiere des Käpt'ns

Dr. Livesey war bei Squire Trelawney zum Abendessen, also ritten wir dorthin. Nach einer kurzen Erklärung wurden Inspector Dance und ich von einem Diener in die Bibliothek geführt. Hier saßen Squire Trelawney und Dr. Livesey vor einem Feuer und rauchten.

„Kommt herein, Mr Dance!", sagte der Squire würdevoll und ein wenig herablassend.

Der Inspektor stellte sich kerzengerade vor ihn hin und berichtete, was passiert war. Die beiden Männer hörten aufmerksam zu und vergaßen vor lauter Überraschung sogar, an ihren Pfeifen zu ziehen. Schließlich begann der Squire unruhig im Raum auf und ab zu wandern. Als der Inspektor seinen Bericht beendet hatte, sagte er: „Mr. Dance, Ihr seid ein feiner Kerl. Und der junge Hawkins hier ist ein Prachtbursche. Zieh mal an der Klingel, Hawkins! Mr. Dance hat sich ein Bier verdient."

„Und du hast also das Ding, hinter dem sie her waren, Jim?", fragte der Doktor.

Ich gab ihm das in Wachstuch gewickelte Päckchen. Der Doktor befingerte es neugierig, als könne er es kaum erwarten, es zu öffnen. Aber dann steckte er es bloß in seine Jackentasche.

Erst als der Inspektor wieder gegangen war, wandte Dr. Livesey sich fragend an den Squire: „Ihr habt von diesem Kapitän Flint gehört, nehme ich an?"

„Von ihm gehört?", rief der Squire. „Er war der blutrünstigste Pirat, der jemals auf dem Meer unterwegs war! Blackbeard war ein Unschuldslamm gegen ihn!"

„Aber hatte er Geld?", fragte Dr. Livesey.

„Geld?", wiederholte der Squire. „Wofür sonst würden diese Schurken wohl ihre elenden Kadaver aufs Spiel setzen?"

„Das werden wir gleich sehen", antwortete der Doktor. „Mal angenommen, dass ich hier einen Hinweis auf einen Schatz habe, den der alte Flint irgendwo vergraben hat – wäre es ein großer Schatz, was meint Ihr?"

„Was ich meine?", rief der Squire und geriet in immer größere Aufregung. „Ich meine, wenn dem so ist, dann werde ich auf der Stelle ein Schiff ausrüsten und Euch und den Jungen mitnehmen und nach diesem Schatz suchen, und wenn es ein Jahr dauert!"

„Nun", sagte der Doktor ruhig. „Dann schauen wir uns dieses Ding doch mal an."

Er legte das Päckchen vor sich auf den Tisch und schnitt es mit einem Messer auf. Es enthielt zwei Dinge: ein kleines Buch und ein versiegeltes Papier.

Zunächst untersuchte der Doktor das Buch. Der Squire und ich sahen ihm dabei über die Schulter. Auf der ersten Seite stand „Mr W. Bones, Maat" und die folgenden Seiten waren mit merkwürdigen Einträgen gefüllt, die an ein Kontobuch erinnerten.

Am Anfang jeder Zeile stand ein Datum und am Ende eine Summe, aber dazwischen standen immer nur Kreuze. Nur in einigen Fällen fanden sich Bemerkungen wie „auf der Höhe von Caracas" oder ein Längen- und Breitengrad als Ortsangabe. Die Aufzeichnungen erstreckten sich über 20 Jahre und ganz am Ende, nach mehreren falschen Additionen, fand sich der Eintrag: „Bones, sein Haufen."

„Darauf kann ich mir keinen Reim machen", sagte Dr. Livesey.

„Aber das ist doch klar wie der helle Tag!", rief der Squire aus. „Hier hat der Lump seine Einkünfte notiert. Die Kreuze stehen für die Namen der Schiffe oder Städte, die sie überfallen und geplündert haben. Die Summe ist sein Anteil an der Beute."

Wesentlich mehr war dem Buch nicht zu entnehmen. Der Doktor öffnete nun das versiegelte Papier und heraus fiel eine Karte. Sie zeigte eine Insel mit genauer Angabe des Längen- und Breitengrades, die Namen von Hügeln, Buchten und Einfahrten und allen Angaben, die nötig waren, um ein Schiff sicher an einen Liegeplatz zu bringen. Die Insel war etwa neun Meilen lang und fünf Meilen breit, hatte zwei geschützte Häfen und in der Mitte einen Berg, der „Das Fernrohr" hieß. Dann gab es drei rote Kreuze auf der Karte, zwei im nördlichen Teil der Insel und eins im Südwesten. Neben diesem fand sich in einer kleinen, zierlichen Handschrift die Notiz: „Hauptschatz hier."

Auf der Rückseite der Karte stand in der gleichen Handschrift: „Hoher Baum, Schulter des Fernrohrs, ein Strich N zu NNO. Skelettinsel OSO zu O. Zehn Fuß. Das Barrensilber liegt im nördlichen Versteck. Man findet es am Abhang des östlichen Hügels, zehn Faden südlich des schwarzen Felsens, das Gesicht ihm zugewendet. Die Waffen befinden sich im Sandhügel N ein Strich von der Landzunge der Nordeinfahrt, Richtung O und ein Viertel N."

Das war alles, aber so knapp und unverständlich es mir auch erschien, der Squire und Dr. Livesey waren begeistert.

„Livesey", sagte der Squire, „Ihr werdet sofort Eure elende Praxis aufgeben. Morgen fahre ich nach Bristol. In drei Wochen – ach, was, zwei Wochen – zehn Tagen – werden wir das beste Schiff und eine handverlesene Mannschaft haben. Hawkins kommt als Schiffsjunge mit. Ihr seid der Schiffsarzt, Livesey, und ich bin der Admiral. Wir nehmen Redruth, Joyce und Hunter mit. Wir werden günstige Winde und eine schnelle Überfahrt haben und überhaupt kein Problem, die Insel zu finden. Und dann werden wir im Geld nur so baden!"

„Trelawney", sagte der Doktor. „Ich gehe mit Euch, und Jim wird für das Unternehmen ganz sicher ein Gewinn sein. Es gibt nur *einen* Menschen, vor dem ich Angst habe."

„Wer ist der Hund?", rief der Squire.

„Ihr, Sir!", antwortete der Doktor. „Denn Ihr könnt Euren Mund nicht halten. Wir sind nicht die Einzigen, die von dieser Karte wissen. Die Bande, die heute Nacht das Gasthaus überfallen hat, wird alles daran setzen, in ihren Besitz zu gelangen. Keiner von uns darf allein sein, bis wir auf See sind. Und keiner von uns darf auch nur ein Sterbenswörtchen über diese Sache verlieren."

„Livesey", sagte der Squire. „Ihr habt wie immer völlig recht. Ich werde schweigen wie ein Grab."

Ich gehe nach Bristol

Es dauerte doch länger, als der Squire gedacht hatte, bis wir an Bord gehen konnten. Währenddessen lebte ich im Gutshaus unter der Aufsicht des alten Wildhüters Redruth. Ich war fast ein Gefangener, aber erfüllt von Träumen vom Meer und verheißungsvollen Vorstellungen zukünftiger Abenteuer. Und dennoch sollten die tatsächlichen Ereignisse meine wildesten Fantasien noch übertreffen.

So vergingen die Wochen, bis eines Tages ein Brief vom Squire eintraf.

Da wir die Erlaubnis hatten, öffneten Redruth und ich den Brief und lasen:

„Lieber Livesey,

das Schiff ist gekauft und ausgerüstet. Ihr könnt Euch kein schöneres Schiff vorstellen. Sein Name: Hispaniola. Ich bekam sie durch die Vermittlung meines alten Freundes Blandly, der sich schwer ins Zeug gelegt hat für mich, wie übrigens alle in Bristol, die Wind davon bekamen, welchen Schatz wir ansteuern wollen."

„Redruth", unterbrach ich. „Der Squire hat also doch geplaudert."

„Warum sollte er sich vom Doktor auch den Mund verbieten lassen?", fragte Redruth. Ich verkniff mir einen Kommentar und las weiter:

„Die Mannschaft war es, die mir Sorgen machte. Ich wollte zwanzig und bekam sechs zusammen, bis mir ein Glücksfall genau den richtigen Mann vor die Füße spülte. Ich stand am Dock, als wir durch puren Zufall ins Gespräch kamen. Ich fand heraus, dass er ein alter Seemann war und in Bristol eine Kneipe betrieb, nun aber nach einer Stelle als Schiffskoch suchte. Er wird Long John Silver genannt und hat ein Bein verloren, und weil er alle Seeleute in Bristol kennt, hatten wir innerhalb kurzer Zeit eine komplette Mannschaft zusammen. Alle nicht gerade hübsch anzuschauen, aber harte, erfahrene Kerle. Long John hat sogar noch zwei meiner sechs bereits angeheuerten Männer wieder entlassen, weil sich herausstellte, dass es echte Süßwassermatrosen waren.

Nun also, ahoi, Livesey, kommt sofort, und schickt den jungen Hawkins mit Redruth zu seiner Mutter, um Abschied zu nehmen.

John Trelawney"

Man kann sich die Aufregung vorstellen, in die mich dieser Brief versetzte. Nun sollte ich also selber zur See fahren und auf Schatzsuche gehen!

Im Wirtshaus „Zum Fernrohr"

Zwei Tage später trafen wir früh am Morgen in Bristol ein. Wir trafen den Squire in einem Gasthof in den Docks. Nachdem ich gefrühstückt hatte, schickte er mich mit einer Nachricht für John Silver zu dessen Wirtshaus „Zum Fernrohr". Es war nicht schwer zu finden. Der große, niedrige Schankraum war voller Tabakqualm und die Gäste waren nur Matrosen. In der Tür blieb ich einen Moment stehen. Wie ich so dastand und wartete, trat aus dem Nebenraum ein Mann. Ich war mir sofort sicher, dass ich Long John Silver vor mir hatte. Sein linkes Bein war gleich unter der Hüfte abgeschnitten und unter der linken Schulter klemmte eine Krücke, mit der er geschickt wie ein Vogel herumhüpfte. Er war groß und kräftig, mit einem schlichten, aber intelligenten Gesicht, und schien bester Laune zu sein. Um ehrlich zu sein, als Squire Trelawney in seinem Brief von Long John Silver berichtet hatte, war mir gleich der Gedanke gekommen, es könnte der Einbeinige sein, auf den der alte Käpt'n so lange gewartet hatte. Aber ein Blick auf diesen freundlichen Gastwirt genügte, um alle meine Sorgen zu zerstreuen. Ein Pirat sah anders aus!

Ich nahm meinen Mut zusammen und ging auf ihn zu.

„Sind Sie Mr Silver, Sir?", fragte ich. Dabei hielt ich ihm den Brief hin.

„Ja, mein Junge, der bin ich. Und mit wem habe ich es zu tun?" Er schien ein wenig zusammenzuzucken, als er den Brief sah, doch dann rief er mit lauter Stimme: „Oho! Du bist also der neue Schiffsjunge!" Und er streckte mir die Hand hin. Genau in diesem Moment erhob sich ein Gast am anderen Ende des Raumes und eilte zur Tür. Trotz seiner Eile hatte ich ihn erkannt – es war der Mann mit den fehlenden Fingern, der den Käpt'n im „Admiral Benbow" besucht hatte.

„Halt!", rief ich. „Haltet ihn! Es ist der Schwarze Hund!"

„Mir egal, wie er heißt!", knurrte Long John Silver. „Aber er hat seine Zeche nicht bezahlt! Harry, lauf ihm nach!" Einer der Männer in der Nähe der Tür sprang auf und verschwand ebenfalls.

„Wie hieß er noch mal, sagst du?", fragte Silver.

„Schwarzer Hund", antwortete ich. „Hat Mr. Trelawney Ihnen denn nicht von den Piraten erzählt?"

„Was, ein Pirat in meinem Wirtshaus?", ereiferte sich Silver. „He, Morgan, du hast doch bei ihm am Tisch gesessen, komm mal her!"

Ein alter, grauhaariger Matrose erhob sich langsam und näherte sich mit einem dümmlichen Gesichtsausdruck.

„Also, Morgan!", sagte Silver streng. „Du hast diesen Schwarzen Hund doch noch nie gesehen, oder?"

„Ich nicht, Sir", sagte Morgan und salutierte.

„Und was habt ihr so geredet?"

„Weiß ich nicht mehr, Sir."

„Ist das da ein Kopf oder ein Stück Holz auf deinen Schultern?", polterte der Gastwirt. „Nun sag, schon, was hat er gequatscht – spuck's aus!"

„Vom Kielholen haben wir geredet, Sir", sagte der Matrose.

Silver schickte ihn fluchend auf seinen Platz zurück. Dann beugte er sich zu mir herab und flüsterte mir vertraulich ins Ohr: „Guter Kerl, aber ein bisschen dumm. Aber den anderen, den habe ich doch schon mal gesehen. Kam mit einem blinden Bettler hierher, glaube ich."

„Den kenne ich auch!", sagte ich eifrig. „Er heißt Pew."

„Pew!", schrie der Gastwirt. „Genauso hieß er und er sah aus wie ein Hai! Da wird sich der Squire aber freuen, wenn wir diesen Schwarzen Hund erwischen!" Während er dies sagte, marschierte er in höchster Erregung in der Kneipe auf und ab und gab dabei eine Vorstellung, die jeden Richter am Old Bailey überzeugt hätte. Und als der Mann, der den Flüchtenden verfolgen sollte, schließlich unver-richteter Dinge zurückkam, war ich bereit, meine Hand für die Unschuld von Long John Silver ins Feuer zu legen.

Pulver und Waffen

Die Hispaniola lag etwas weiter draußen und als wir mit unserem Boot längsseits gingen, begrüßte uns gleich der Maat, Mr Arrow. Kaum waren wir in unserer Kabine, als uns ein Matrose mitteilte, dass Kapitän Smollett den Squire zu sprechen wünschte.

„Dem Kapitän stehe ich jederzeit zur Verfügung", sagte der Squire. „Schick ihn rein."

Kapitän Smollett trat ein, schloss die Tür hinter sich und kam gleich zur Sache.

„Ich möchte offen sprechen, Sir", sagte er, „auch wenn es Anstoß erregen sollte. Diese Reise gefällt mir nicht, die Mannschaft gefällt mir nicht und der Steuermann gefällt mir auch nicht."

„Und das Schiff, wie gefällt Euch das?", erkundigte sich der Squire wütend.

„Dazu kann ich nichts sagen, bevor ich es nicht erprobt habe", entgegnete der Kapitän steif.

Hier schaltete Dr. Livesey sich ein. „Ich verlange eine Erklärung", sagte er. „Was gefällt Euch nicht an dieser Fahrt?"

„Ich wurde eingestellt, Sir, mit versiegelter Order, wie wir es nennen: Ich sollte das Schiff für diesen Gentleman führen, ohne zu wissen, worum es geht. Und nun muss ich feststellen, dass alle Männer vor dem Mast mehr wissen als ich. Das kann man nicht als fair bezeichnen, oder?"

„Ich stimme Euch zu", sagte Doktor Livesey.

„Als Nächstes", fuhr der Kapitän fort, „erfahre ich, dass wir auf Schatzsuche gehen – und zwar von meiner eigenen Mannschaft. Schatzsuchen sind eine heikle Angelegenheit, insbesondere dann, wenn sie eigentlich geheim sein sollen, tatsächlich aber jeder darüber Bescheid weiß."

„So weit, so gut, und absolut richtig", sagte Dr. Livesey. „Und was ist mit der Mannschaft?"

„Sie gefällt mir nicht", sagte der Kapitän. „Sie hätten mich die Leute auswählen lassen sollen. Und der Maat Mr Arrow ist viel zu vertraulich mit der Mannschaft – das gehört sich nicht für einen Offizier."

„Was genau wollt Ihr nun von uns?", erkundigte sich Dr. Livesey.

„Seid Ihr entschlossen, diese Fahrt anzutreten?", fragte der Kapitän. „Nun, dann möchte ich folgenden Vorschlag machen: Das Pulver und die Waffen wurden im Vorschiff verstaut. Bringt sie stattdessen unter Eurer Kabine unter. Außerdem sind vier Eurer eigenen Leute im vorderen Schiff untergebracht. Gebt ihnen lieber einen Platz im hinteren Schiff."

„Und was noch?", fragte der Squire.

„Eins noch", sagte der Kapitän. „Ich höre, es gibt eine Karte, auf der die genaue Position der Schatzinsel angegeben ist und außerdem die Lage des Schatzes mit drei roten Kreuzen markiert ist."

„Davon habe ich keiner Seele erzählt!", rief der Squire empört.

„Aber die ganze Mannschaft weiß es", sagte der Kapitän ruhig. „Ich weiß nicht, in wessen Besitz sich diese Karte befindet, doch ich schlage vor, dass niemand sie sehen darf, auch ich und der Maat nicht. Anderenfalls möchte ich um meine Entlassung bitten."

„Verstehe", sagte der Doktor. „Ihr möchtet die Angelegenheit im Unklaren lassen und den hinteren Teil des Schiffes in eine Festung verwandeln, weil Ihr eine Meuterei befürchtet."

„Ich habe keinen eindeutigen Beweis dafür", sagte der Kapitän. „Aber ich sehe, dass etwas nicht stimmt. Deshalb bitte ich Euch, die nötigen Vorkehrungen zu treffen oder mich zu entlassen. Das ist alles."

„Nun gut", sagte der Squire verärgert. „Ich habe Euch angehört, ich werde tun, was Ihr verlangt. Es hat meine Meinung von Euch allerdings nicht verbessert!"

„Wie Ihr meint, Sir!", sagte der Kapitän ruhig. „Aber Ihr werdet sehen, dass ich meine Pflicht tue." Und damit ging er.

Der Squire schnaubte. „Dieser unausstehliche Idiot von einem Kapitän verhält sich nicht nur unmännlich, sondern auch unseemännisch und geradezu unenglisch!"

„Nun", sagte der Doktor. „Das werden wir noch sehen."

Die Reise

Ich will nicht in allen Einzelheiten von dieser Reise berichten. Sie verlief insgesamt gut. Das Schiff erwies sich als solide, die Männer waren erfahrene Seeleute und der Kapitän verstand sein Geschäft. Aber bevor wir die Schatzinsel erreichten, ereigneten sich drei Dinge, von denen ich erzählen muss.

Zunächst einmal übertraf der Maat Mr Arrow selbst die schlimmsten Erwartungen des Kapitäns. Die Mannschaft nahm ihn nicht ernst und machte mit ihm, was sie wollte. Die meiste Zeit war er betrunken. Aber wir bekamen einfach nicht heraus, wo er den Rum herhatte. Er war absolut unbrauchbar und niemand war traurig, als er in einer stürmischen Nacht über Bord ging. Aber nun hatten wir keinen Maat mehr. Wir mussten einen der anderen Männer dafür auswählen. Am besten dafür geeignet war der Bootsmann, Job Anderson. Er behielt zwar seinen alten Titel, tat aber nun die Arbeit des Maats. Auch der Schiffszimmermann, Israel Hands, war ein kluger, erfahrener Seemann, dem man im Notfall

jede Aufgabe übertragen konnte. Er war auch ein enger Vertrauter von Long John Silver.

Die ganze Mannschaft hatte Respekt vor dem Schiffskoch und gehorchte ihm. Zu mir war er immer freundlich und die Kombüse hielt er blitzsauber. In einer Ecke der Küche stand der Käfig mit seinem Papagei.

„Komm her, Hawkins", pflegte er zu sagen, „komm her und lass dir von John etwas erzählen. Das hier ist Käpt'n Flint – ich nenne meinen Papagei nach dem berühmten Seeräuber – und er kann uns den Erfolg unserer Reise vorhersagen, nicht wahr, Käpt'n?" Und dann krächzte der Papagei in rasender Geschwindigkeit: „Goldstücke! Goldstücke! Goldstücke!"

„Dieser Vogel ist zweihundert Jahre alt, Hawkins", brummte er dann. „Und wenn jemand noch mehr Schlechtigkeit gesehen hat, dann muss es der Teufel höchstpersönlich gewesen sein."

„Klar zur Wende!", schrie der Papagei.

„Ja, er ist wirklich ein sehr brauchbarer Papagei!", sagte Silver und gab ihm ein Stück Zucker. Man hätte ihn für einen durch und durch guten Menschen halten können.

Und dann kam der letzte Tag unserer Seereise; irgendwann in der Nacht oder am nächsten Morgen sollten wir die Insel erreichen. Kurz nach Sonnenuntergang, nach getaner Arbeit, bekam ich Lust auf einen Apfel und ging an Deck, wo sich ein Fass mit Äpfeln befand, aus dem sich alle bedienen durften. Die Wache stand ganz vorne und hielt nach der Insel Ausschau, der Mann am Ruder behielt das Segel im Blick und pfiff leise vor sich hin. Das war das einzige Geräusch außer dem Rauschen der See am Schiffsrumpf. Ich stieg in die Tonne hinein, denn sie war fast leer. Wie ich da so im Dunkeln saß, müssen mich das Rollen des Schiffes und das leise Plätschern des Wassers in den Schlaf gewiegt haben; doch plötzlich ließ sich jemand schwerfällig neben der Tonne nieder und ich erwachte. Ich wollte gerade aufspringen, als der Mann anfing zu reden. Es war Long John Silvers Stimme. Und ich hatte noch kein Dutzend Wörter gehört, da wäre ich für kein Geld der Welt mehr aus dieser Tonne geklettert. Stattdessen lag ich zitternd vor Furcht und Neugier im Finstern. Das Leben aller aufrechten Männer an Bord lag nun in meinen Händen.

Was ich in der Apfeltonne hörte

„Nein, ich nicht", sagte Silver. „Flint war der Kapitän. Ich war nur Quartiermeister, wegen meines Holzbeins. ‚Walross' hieß sein altes Schiff und ich hab es gesehen, wie es vor Blut nur so triefte und bis zum Absaufen mit Gold beladen war."

„Ha!", rief eine andere Stimme. Sie gehörte dem jüngsten Crewmitglied und war voller Bewunderung. „Flint war der Größte!"

„Ich bin zuerst mit England gesegelt und dann mit Flint", sagte der lange John. „Das ist meine Geschichte. Und jetzt auf eigene Rechnung, sozusagen. Unter England habe ich neunhundert Pfund verdient, unter Flint zweitausend. Alles schön auf der Bank. Und die Männer von Flint? Die noch übrig sind, sind alle hier an Bord – und froh, wenn sie etwas Anständiges zu essen kriegen. Die meisten von ihnen haben vorher gebettelt. Aber so sind sie, die Glücksritter. Sie führen ein hartes Leben und riskieren den Galgen, aber sie essen und trinken wie Kampfhähne und nach einer Fahrt haben sie Hunderte von Pfund in den Taschen. Das meiste geht drauf für Rum und Frauen und wenn sie wieder auf See gehen, haben sie nur noch ihr Hemd am Leib. Aber das ist nicht meine Art. Ich lege alles weg, hier was, da was, sicherheitshalber nirgends zu viel. Ich bin jetzt fünfzig. Wenn ich von dieser Reise zurückkomme, werde ich mich als Gentleman niederlassen. Und in der Zwischenzeit habe ich trotzdem gut gelebt. Und wie habe ich angefangen? Vor dem Mast, genau wie du."

„Aber das andere Geld ist jetzt weg, oder?", fragte der junge Matrose. „Nach dieser Fahrt dürft Ihr Euch doch in Bristol nicht mehr sehen lassen."

„Was glaubst du wohl, wo mein Geld ist?", fragte Silver. „Meine Alte hat es sicher in Verwahrung. Das ‚Fernrohr' ist schon verkauft und wenn ich zurück bin, treffen wir uns an einem sicheren Ort."

„Jetzt kann ich es Euch ja sagen", entgegnete der junge Matrose. „Am Anfang wollte mir die Sache ja nicht so recht gefallen; aber nach diesem Gespräch mit Euch, John – meine Hand darauf!"

„Du bist ein tapferer Bursche und schlau dazu", sagte John und schüttelte seine Hand so heftig, dass das Apfelfass wackelte. „Wie gemacht für einen Glücksritter." Ich hatte inzwischen begriffen, wovon sie redeten – mit Glücksritter meinten sie nichts anderes als ganz gewöhnliche Piraten! Und was ich hier gerade mit angehört hatte, war die Verführung des letzten aufrechten Matrosen, der wahrscheinlich noch übrig gewesen war.

Nun tauchte ein dritter Mann auf.

„Dick geht in Ordnung", sagte Silver.

„Oh, ich wusste, dass Dick in Ordnung ist", sagte die Stimme des Bootsmanns Israel Hands. „Aber jetzt möchte ich vor allem eins wissen: Wie lange sollen wir hier noch hin und her kreuzen wie ein verfluchtes Proviantboot? Ich hab langsam die Schnauze voll von Kapitän Smollett. Ich will jetzt endlich selber in der Kajüte sitzen und Wein trinken und Eingemachtes essen!"

„Israel", sagte Silver, „dein Kopf taugt nicht viel und das war schon immer so. Deshalb sage ich dir: Du wirst schön weiter vorne schlafen und ein hartes Leben haben, du wirst die Klappe halten und nüchtern bleiben, bis ich das Zeichen gebe. Alles klar?"

„Ich will ja nur wissen, wann!", brummte der Bootsmann.

„Im allerletzten Augenblick, kapiert!", rief Silver. „Wir haben hier einen erstklassigen Kapitän, der das Schiff führt, und einen Doktor mit einer Karte und so weiter. Weiß ich vielleicht, wo der Schatz liegt? Und du weißt es auch nicht. Und deshalb, sage ich, lassen wir den Squire und den Doktor alles schön an Bord bringen und dann sehen wir weiter. Und wenn's nach mir geht, dann segelt der Kapitän uns auch wieder zurück."

„Aber wir sind doch alle Seeleute hier an Bord. Wozu brauchen wir den Kapitän?"

„Wir sind Matrosen, meinst du wohl!", fuhr Silver ihn an. „Wir können einen Kurs steuern, aber wer legt ihn fest? Das ist der springende Punkt! Aber ihr könnt es ja wieder nicht abwarten! Also gut, dann werde ich sie mir auf der Insel vornehmen, sobald das Zeug an Bord ist, sei's drum."

„Aber was machen wir mit ihnen?", fragte der junge Matrose.

„Was wir mit ihnen machen?", rief Silver. „Du bist mir der Richtige! Na, was meinst du wohl? Sollen wir sie irgendwo aussetzen? Das hätte England gemacht. Oder sollen wir sie abschlachten wie die Schweine? Das war mehr die Art von Flint und Billy Bones. Und ich bin auch dafür. Wenn ich erst mal in meiner Kutsche fahre, soll mir keiner dieser Typen plötzlich wieder aufkreuzen und in die Suppe spucken. Wartet noch ab, sage ich, aber wenn es so weit ist – dann lassen wir sie nicht laufen."

„John!", rief der Schiffszimmermann, „du bist ein echter Kerl!"

„Ich stelle nur *eine* Bedingung", sagte Silver. „Trelawney gehört mir. Ich werd ihm seinen Kalbskopf mit meinen eigenen Händen abreißen."

Dann fiel plötzlich ein heller Lichtschein auf mich. Der Mond war aufgegangen und tauchte die Segel in silbriges Licht. Fast im gleichen Moment rief die Stimme vom Ausguck: „Land in Sicht!"

Kriegsrat

Auf Deck setzte ein großes Getrampel ein. Ich sprang aus der Tonne, schlüpfte hinter das Focksegel und erschien gleichzeitig mit Dr. Livesey und Hunter auf dem offenen Deck. Auf dem hinteren Deck hatten sich bereits alle versammelt. Wie im Traum sah ich im Südwesten zwei niedrige Hügel auftauchen, und dahinter einen höheren, der von Nebel umhüllt war. Dann hörte ich die Stimme Kapitän Smolletts, der Befehle gab.

Nachdem das weitere Vorgehen abgesprochen war, standen Kapitän Smollett und Dr. Livesey noch auf dem Achterdeck zusammen. Während ich noch überlegte, wie ich mich ihnen unauffällig nähern konnte, rief Dr. Livesey mich zu sich. Ich sollte ihm etwas Tabak von unten holen; aber als ich nahe genug bei ihm stand, um nicht belauscht werden zu können,

brach es gleich aus mir heraus: „Doktor, ich muss mit Euch sprechen. Ruft den Kapitän und den Squire nach unten in die Kabine, ich habe schreckliche Neuigkeiten." Der Doktor wechselte die Farbe, hatte sich aber sofort wieder im Griff.

„Danke, Jim", sagte er laut. „Das war alles, was ich wissen wollte." Dann gesellte er sich zu den anderen beiden. Wenig später verschwanden alle drei unter Deck – nachdem der Kapitän angewiesen hatte, für die ganze Mannschaft Grog auszugeben – und riefen mich dann zu sich.

„Nun, Hawkins", sagte der Squire, „was gibt es?"

Ich erzählte so kurz wie möglich von der Unterhaltung,

die ich belauscht hatte. Bewegungslos und ohne mich zu unterbrechen hörten die drei Männer mir zu.

„Jim", sagte Dr. Livesey, als ich fertig war. „Setz dich." Dann schenkten sie mir ein Glas Wein ein, gaben mir Trauben und tranken auf meine Gesundheit.

„Also Kapitän", sagte der Squire. „Ihr hattet recht und ich war ein Esel. Ich erwarte Eure Befehle."

„Früher oder später werden sie losschlagen", antwortete der Kapitän. „Ich schlage vor, Ihnen zuvorzukommen und sie zu überraschen. Können wir auf Eure Diener zählen, Squire?"

„Unbedingt", antwortete der Squire.

„Also drei", rechnete der Kapitän, „mit uns zusammen und Hawkins sieben. Wer von den anderen ist nicht übergelaufen?"

„Wahrscheinlich die, die der Squire selber angeheuert hat", sagte Dr. Livesey.

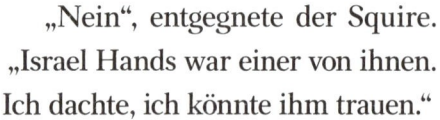

„Nein", entgegnete der Squire. „Israel Hands war einer von ihnen. Ich dachte, ich könnte ihm trauen."

„Dann müssen wir abwarten", sagte der Kapitän. „Und die Augen offen halten."

„Jim kann uns dabei helfen", sagte der Doktor. „Er ist ein helles Bürschchen und versteht sich gut mit Silver."

„Hawkins, ich vertraue fest auf dich!", sagte der Squire.

Bei diesen Worten wurde mir mulmig zumute. Aber durch eine seltsame Verkettung von Umständen konnte ich dann doch zu unserer Rettung beitragen.

Der erste Schlag

Am nächsten Morgen lag die Hispaniola eine halbe Meile südöstlich vor der Ostküste der Insel. Der Wind war vollkommen abgeflaut, daher mussten wir die Boote zu Wasser lassen und das Schiff dann drei oder vier Meilen um die Inselspitze herum durch die enge Einfahrt in den Hafen hinter der Skelettinsel schleppen. Die Hitze war erdrückend und die Männer fluchten bei der Arbeit. Long John Silver stand die ganze Fahrt lang neben dem Rudergänger und lotste das Schiff. Er kannte die Passage wie seine Handfläche und wir drehten genau an der Stelle bei, wo der Anker auf der Karte verzeichnet war. Schon in den Booten war das Benehmen der Männer beunruhigend gewesen. Als sie aber nun an Bord zurückkamen, wurden sie geradezu gefährlich. Sie lagen auf dem Deck herum, unterhielten sich knurrend miteinander und nahmen den allerkleinsten Befehl mit finsteren Blicken entgegen. Wie eine Gewitterwolke hing Meuterei in der Luft. Der Kapitän schlug angesichts dieser heiklen Lage vor, die Männer von Bord gehen zu lassen. Hunter, Redruth und Joyce wurden ins Vertrauen gezogen und Pistolen an alle Zuverlässigen ausgegeben. Dann verkündete der Kapitän der Mannschaft, dass sie sich den ganzen Nachmittag für einen Landgang freinehmen dürfe. Sofort war die schlechte Laune der Leute wie weggeblasen; der Kapitän verzog sich und überließ es Silver, den Ausflug zu organisieren. Am Ende sollten sechs Mann an Bord bleiben; die übrigen 13, Silver eingeschlossen, wollten an Land gehen. Da hatte ich wieder mal einen Einfall, der sich später als nützlich erweisen sollte. Silver hatte sechs Mann zurückgelassen, also war klar, dass unsere Partei das Schiff nicht übernehmen konnte. Mich würden sie daher auch nicht brauchen. Deshalb setzte ich mich in letzter Sekunde mit in eins der Boote und kaum hatten wir Land berührt, sprang ich heraus und verschwand im Dickicht.

Zum ersten Mal fühlte ich mich wie ein echter Entdecker. Ich streunte ein wenig über die Insel, bis ich an ein Sumpfgelände kam. Plötzlich hörte ich, wie sich Stimmen näherten, und erkannte die von John Silver. Mein Auftrag fiel mir wieder ein und so pirschte ich mich langsam an die Männer heran, um sie zu belauschen. Am Rande des Sumpfes standen John Silver und ein anderer Mann aus der Mannschaft.

„Kamerad", sagte John Silver, „ich halte große Stücke auf dich, nur deshalb warne ich dich. Was meinst du wohl, was die anderen davon halten würden, wenn sie das wüssten? Ich will nur deinen Kopf retten, Tom!"

„Silver", sagte der andere mit vor Anspannung zitternder Stimme, „ausgerechnet du lässt dich von dieser Bande verführen? Ich würde lieber meine Hand verlieren, als gegen meine Pflicht handeln."

Weit draußen im Sumpf ertönte plötzlich ein Wutschrei, dann ein zweiter und dann folgte ein schrecklicher, lang gezogener Todesschrei.

Tom sprang auf. „Was war das, um Himmels willen?"

Silver verzog keine Miene. „Das? Oh, das wird wohl Alan gewesen sein."

„Alan?", schrie der arme Tom auf. „Ihr habt ihn umgebracht, nicht wahr? Nun, wenn es sein muss, dann bringt mich auch um. Ich verachte euch." Mit diesen Worten drehte er sich um und marschierte Richtung Strand davon. Er kam jedoch nicht weit. Mit einem Aufschrei schleuderte Silver ihm seine Krücke wie ein Wurfgeschoss hinterher. Sie traf ihn mit voller Wucht zwischen die Schultern. Im nächsten Moment war Silver über ihm und stieß ihm ein Messer in den Leib. Mir wurde es schwarz vor den Augen. Als ich wieder zu mir kam, kroch ich aus dem Dickicht heraus und rannte so schnell, wie ich noch nie zuvor gerannt war. Aber wo sollte ich hin? Ich konnte doch nicht einfach wieder mit den Meuterern ins Boot steigen – würden sie mir nicht ebenfalls den Hals umdrehen? Ich rannte bis zu einem kleinen Wald am Fuß des kleinen Hügels mit den zwei Spitzen. Hier erwartete mich ein neuer Schrecken.

Der Inselmensch

Vom Abhang des Hügels sprangen ein paar Kiesel herunter. Instinktiv wandte ich die Augen in diese Richtung und sah, wie eine Gestalt hinter den Stamm einer Fichte sprang. Sie schien dunkel und zottig zu sein, aber ob es ein Bär oder ein Affe war, konnte ich nicht sagen. Ich machte auf dem Absatz kehrt und rannte Richtung Strand. Die Gestalt folgte mir und begann, mich zu jagen, und mir wurde klar, dass es ein Mensch sein musste. Dann erinnerte ich mich an meine Pistole. Sofort fühlte mich weniger wehrlos. Ich hielt an und ging auf den Mann zu. Sobald ich mich in seine Richtung bewegte, kam er auch auf mich zu, erst zögerlich, dann warf er sich plötzlich auf die Knie und streckte mir seine Hände entgegen. Er war ein Weißer, wie ich selbst, aber vollkommen zerlumpt und verbrannt von der Sonne.

„Wer seid Ihr?", fragte ich.

„Ben Gunn", erwiderte er und seine Stimme klang heiser wie ein verrostetes Schloss. „Und ich habe seit drei Jahren mit keiner Menschenseele gesprochen."

„Habt Ihr Schiffbruch erlitten?", fragte ich.

„Nein, mein Freund, ich wurde ausgesetzt." Davon hatte ich schon gehört. Es war eine schreckliche Bestrafung, die unter Seeräubern üblich war. Ein Schatten flog über sein Gesicht und er nahm meine Hand. „Sag, Junge, das ist doch nicht etwa Flints Schiff da draußen?" Da hatte ich eine Eingebung; vielleicht hatte ich ja hier einen Verbündeten gefunden.

„Nein, es ist nicht Flints Schiff", antwortete ich. „Aber es sind einige von seinen Leuten an Bord."

„Doch nicht etwa – ein Mann mit einem Bein?", keuchte Ben Gunn erschrocken.

„Silver?", fragte ich.

„Ja, Silver, das war sein Name." Nun beschloss ich, ihm die ganze Geschichte zu erzählen. Er hörte interessiert zu und tätschelte mir dann den Kopf. „Ihr sitzt ganz schön in der Patsche, Jim", sagte er. „Aber Ben Gunn wird euch helfen. Glaubst du, dass dein Squire sich erkenntlich zeigen wird?"

Ich antwortete, der Squire sei ein überaus großzügiger Mensch.

„Und würde er mich auch auf dem Schiff mit nach Hause nehmen?"

„Aber natürlich! Der Squire ist ein Gentleman."

Ben Gunn schien sehr erleichtert zu sein.

„Ich will dir was sagen", sprach er weiter. „Ich war auf Flints Schiff, als er den Schatz vergrub. Er und sechs andere waren eine Woche an Land, während wir anderen auf der ‚Walross' vor der Küste kreuzten. Und dann kam Flint, allein in einem Boot – die anderen sechs waren tot. Wie er das gemacht hat, allein gegen sechs, weiß keiner. Billy Bones war der Maat, Long John Silver war der Quartiermeister. Und sie fragten, wo der Schatz geblieben sei. ‚Ihr könnt ja an Land gehen und ihn suchen!', sagte Flint. ‚Aber zum Teufel, dieses Schiff wird noch mehr Beute für uns machen!' Das sagte er. Und drei Jahre später kam ich auf einem anderen Schiff wieder hier vorbei. ‚Jungs', sagte ich, ‚hier muss irgendwo Flints Schatz liegen. Gehen wir raus und suchen ihn.' Zwölf Tage lang haben wir gebuddelt und jeden Tag hatten sie ein schlimmeres Schimpfwort für mich. Dann gingen sie alle wieder an Bord. ‚Und was dich angeht, Ben Gunn', sagten sie. ‚Hier hast du eine Schaufel und eine Hacke. Du kannst hierbleiben und alleine weiter nach Flints Schatz suchen.' Und nun bin ich schon drei Jahre hier."

Ich fragte ihn, ob er eine Idee habe, wie ich wieder an Bord kommen sollte.

„Ich habe ein Boot", sagte der Inselmensch. „Mit meinen eigenen zwei Händen gebaut. Ich habe es unter dem weißen Felsen versteckt. He, was ist das?"

Der Donnerschlag eines Kanonenschusses hallte von den Bergen wider.

„Sie haben angefangen zu kämpfen!", rief ich und rannte los. „Folgt mir!"

Auf den Kanonenschuss folgte nach einer Weile eine Salve von Musketen und Pistolen. Dann sah ich keine Viertelmeile entfernt vor mir die englische Nationalflagge über einem Waldstück flattern.

„Da sind ja deine Freunde", sagte Ben Gunn.

„Wohl eher die Meuterer", antwortete ich.

„Nein!" Ben Gunn schüttelte den Kopf. „Hier gab es immer nur Piraten und Long John Silver würde hier niemals etwas anderes als die Piratenflagge hissen. Ich schätze, es hat einen Kampf gegeben und deine Freunde haben sich in dem alten Blockhaus versteckt. Flint hat es gebaut. Ja, das war einer mit Köpfchen, Flint, das war er!"

„Na, dann los!", sagte ich. Aber Ben Gunn war nicht dazu zu bewegen, mich ins Blockhaus zu begleiten. Stattdessen bat er mich auszurichten, dass er den Doktor oder den Squire sprechen wolle, um ihnen etwas vorzuschlagen. Man könne ihn an der Stelle treffen, wo ich ihn gefunden hatte, zwischen Mittag und sechs Glasen.

Ich machte mich also allein auf den Weg. Als ich das Blockhaus erreicht hatte, blieb ich vor den Palisaden stehen und rief: „Doktor! Squire! Kapitän! Seid Ihr das?"

Kurz darauf kam die Antwort. Ich kletterte über die Palisaden und rannte den Hügel hinauf, auf dem das Blockhaus stand. In der Tür stand der Doktor und sagte kein Wort.

Der Angriff

Meine Geschichte war schnell erzählt. Aber nun wollte ich auch wissen, was den anderen widerfahren war. Wie sich herausstellte, hatten Hunter und Dr. Livesey einen kleinen Landausflug gemacht und dabei dieses Blockhaus entdeckt. Da es sehr gut befestigt war und über eine Quelle verfügte, hatte Dr. Livesey entschieden, dass es mehr Schutz bot als das Schiff. Auf der Hispaniola gab es zwar alles – aber kein Wasser. Also hatten der Doktor und die anderen in einer kleinen Jolle Proviant, Waffen und Pulver in das Blockhaus geschafft und das Schiff verlassen. Dabei war es ihnen sogar noch gelungen, einen Matrosen namens Abraham Gray dazu zu bewegen, sich ihnen wieder anzuschließen. Es hatte natürlich nicht lange gedauert, bis die Piraten angriffen – zuerst beschossen sie die Flüchtenden mit der Kanone, die noch an Bord war, und dann attackierten sie das Blockhaus. Die Festung hatte standgehalten, einige Piraten waren getötet worden – aber auch der arme Tom Redruth war tot.

An diesem Abend konnte ich lange nicht einschlafen und wälzte mich unruhig hin und her. Von Ferne konnten wir die Piraten brüllen und singen hören. Aber als ich am nächsten Morgen erwachte, waren alle anderen schon auf und bei der Arbeit. Der Kapitän verteilte uns auf unsere Posten und dann machten wir uns bereit für einen weiteren Angriff. Stunde um Stunde verging. Die Sonne stieg über die Baumwipfel und im Nu wurde es wieder drückend heiß. Wir schwitzten und warteten.

„Zum Teufel mit den Kerlen!", fluchte der Kapitän. „Das ist ja langweiliger als eine Windstille!" Doch in diesem Moment sprang eine Gruppe Piraten laut schreiend aus dem Wald und rannte auf die Palisaden zu. Vier von ihnen gelang es, über den Zaun zu klettern, drei fielen getroffen zu Boden. Vor der mittleren Schießscharte tauchte der Kopf des Bootsmannes Job Anderson auf. „Auf sie, alle Mann!", brüllte er. Im gleichen Augenblick packte einer der Piraten Hunters Gewehrlauf, zog es durch die Schießscharte heraus und schlug den armen Kerl mit einem Schlag zu Boden. Ein anderer war ins Haus gelangt und fiel mit seinem Entermesser über den Doktor her. Unsere Lage hatte sich vollständig gewendet.

„Raus, Leute!", rief der Kapitän. „Bekämpft sie im Freien! Nehmt die Entermesser!"

Ich griff mir ein Messer vom Stapel und stürzte hinaus in das helle Sonnenlicht. Über den Palisaden tauchte gerade ein Kerl mit einer roten Mütze auf, ein Messer zwischen den Zähnen.

„Hinters Haus!", rief der Kapitän. Ich folgte seinem Befehl und rannte mit erhobenem Entermesser auf die Ostseite des Hauses. Dort traf ich auf den Bootsmann. Blitzschnell sprang ich zur Seite, um seinem Säbel auszuweichen, verlor den Halt und kullerte den Abhang hinunter. Wenig später war der Kampf vorbei. Gray hatte den Bootsmann niedergeschlagen, ein anderer war an einer Schießscharte erschossen worden, einen dritten hatte der Doktor erledigt und der vierte kletterte gerade in Todesangst über die Palisaden wieder hinaus. In wenigen Sekunden war von den Angreifern niemand mehr zu sehen, außer den fünf Gefallenen. Der Doktor, Gray und ich rannten zurück ins Haus. Mit einem Blick sahen wir, was dieser Sieg uns gekostet hatte: Hunter und Joyce waren tot und in der Mitte des Raumes stand der Squire und stützte den Kapitän, der verwundet war. Beide waren sehr blass.

„Sind sie weg?", fragte Kapitän Smollett.

„Gerannt wie die Hasen!", erwiderte der Doktor. „Aber fünf von ihnen werden nie wieder rennen."

„Fünf!", rief der Kapitän erfreut. „Dann steht es jetzt vier Mann gegen neun. Das ist doch schon besser als am Anfang!"

Die Meuterer kamen nicht zurück und aus dem Wald fiel kein Schuss mehr. Wir machten etwas zu essen und danach hielten der Doktor, der Kapitän und der Squire Kriegsrat. Gray und ich saßen am anderen Ende des Hauses. Überrascht beobachteten wir, wie der Doktor wenig später seinen Hut, seine Pistolen und das Entermesser nahm, die Karte einsteckte und dann auf der Nordseite über die Palisaden kletterte und im Wald verschwand.

„Ist er verrückt geworden?", wunderte sich Gray.

„Ich glaube, er sucht Ben Gunn auf", antwortete ich.

Während ich den Boden des Blockhauses säuberte und das Geschirr abwusch, kam mir ein Gedanke. Ich wollte den weißen Felsen suchen, unter dem Ben Gunn sein selbst gebautes Boot versteckt hatte. Und da ich sicher war, dass ich dafür keine Erlaubnis bekommen würde, musste es heimlich geschehen. Natürlich war es eine große Dummheit; aber ich war eben nur ein Junge und hatte es mir in den Kopf gesetzt. Ich stopfte mir die Taschen mit Schiffszwieback voll, griff nach Pistolen, Pulver und Kugeln und schlüpfte in einem passenden Moment unbeobachtet hinaus.

Unter dem weißen Felsen fand ich tatsächlich, verborgen unter einem Zelt aus Ziegenfell, Ben Gunns selbst gezimmertes Boot. Es hatte einen derben Rahmen aus Holz und war, mit der Fellseite nach außen, mit Ziegenfell bespannt. Nun kam mir eine weitere Idee. Ich war überzeugt davon, dass die Meuterer nach ihrer Niederlage am nächsten Morgen den Anker lichten und davonsegeln würden. Das wollte ich verhindern. Sobald es dunkel war und die Piraten alle am Strand um ihr Feuer lagen und zechten, wollte ich zur Hispaniola hinüberrudern und das Ankertau zerschneiden. Vielleicht gelang es mir ja sogar, an Bord zu gehen – ich war mir sicher, dass nicht mehr als zwei Männer als Wachen an Bord zurückgeblieben waren.

Überzeugt davon, eine gute Tat zu tun, versteckte ich mich im Gebüsch und wartete darauf, dass es dunkel wurde.

Im Lager des Feindes

Einen Tag später machte ich mich in Hochstimmung auf den Weg zum Blockhaus. Es war mir tatsächlich gelungen, an Bord der Hispaniola zu kommen. Dort hatte ich den schwer verletzten Israel Hands und neben ihm den toten Seemann mit der roten Mütze gefunden – die beiden hatten versucht, sich gegenseitig umzubringen. Mit der Hilfe des Bootsmanns segelte ich die Hispaniola zur Nordeinfahrt und dort setzten wir sie auf den Strand. Beinahe hätte ich dieses Abenteuer nicht überlebt – denn Hands stürzte sich mit einem Messer auf mich und nur, weil aus Versehen meine Pistole losging, war es der Bootsmann, der tot ins Wasser fiel. Wieder einmal hatte ich Glück gehabt – und die Hispaniola war nun wieder in unserer Hand. Das, so hoffte ich, würde mein heimliches Ausreißen mehr als wettmachen. Sicher würde sogar Kapitän Smollett meine Heldentaten anerkennen.

Inzwischen war es ganz dunkel geworden. Als ich das Blockhaus erreichte, rührte sich dort nichts, nur auf der Rückseite des Hauses verglimmten die Reste eines großen Feuers. Ich überkletterte die Palisade und krabbelte vorsichtig auf Händen und Füßen auf das Haus zu. Drinnen konnte ich meine Freunde einträchtig schnarchen hören. Sie hielten wirklich verteufelt schlecht Wache! Mit ausgestreckten Armen tastete ich mich ins Innere der Hütte vor. Dabei stieß ich an das Bein eines Schlafenden. Er drehte sich brummend um, wachte aber nicht auf.

Und dann kreischte plötzlich eine Stimme im Dunkeln: „Goldstücke! Goldstücke! Goldstücke!" Es war Käpt'n Flint, Silvers Papagei!

Im Nu waren alle wach und ich wurde gepackt und an die Wand gedrückt. Im Schein einer Fackel sah ich, dass meine schlimmsten Befürchtungen wahr geworden waren: Die Piraten waren nun im Besitz von Haus und Vorräten. Ich sah keinen Gefangenen, aber sechs Piraten; mehr waren nicht mehr am Leben. Einer von ihnen hatte eine schwere Kopfwunde und war verbunden. Silver selber sah bleich und spitz aus, seine Kleidung war von Dornen zerrissen und mit Lehm beschmiert. Aber wo waren meine eigenen Leute?

„So, so, Jim Hawkins", sagte Silver, „da hol mich doch der Teufel! Schneit hier einfach so rein!"

Er setzte sich rittlings auf ein Brandyfass. „Ich habe dich ja immer für ein aufgewecktes Kerlchen gehalten, aber das hier kommt mir nun doch ein bisschen komisch vor!" Man kann sich denken, dass ich darauf keine Antwort gab.

„Nun, da du einmal hier bist", fuhr Silver fort, „werde ich dir sagen, was ich denke. Vom Kapitän solltest du dich in Zukunft fernhalten. Und der Doktor ist auch mächtig sauer auf dich. Deine Leute nehmen dich also nicht zurück. Und dass du dich in unserer Gewalt befindest, davon will ich ja gar nicht reden. Also wirst du wohl bei uns mitmachen müssen." Durch all den Hohn konnte ich sehr wohl die Drohung heraushören, die über mir hing, und mein Herz klopfte heftig.

„Nun", antwortete ich so fest wie möglich. „Wenn ich mich entscheiden muss, möchte ich erst hören, wieso ihr hier seid und wo meine Freunde sind."

„Das wüssten wir auch gern!", brummte einer der Piraten.

„Du machst besser die Schotten dicht, bis du gefragt wirst!", blaffte Silver den Sprecher an. Und dann, wieder ganz freundlich, sagte er zu mir: „Gestern kam der Doktor mit der weißen Fahne. ‚Käpt'n Silver', sagte er, ‚Ihr seid am Ende! Das Schiff ist verschwunden.' Zum Donner, ich habe nie einen Haufen Idioten so dumm aus der Wäsche gucken sehen wie uns, das kannst du mir glauben! Also haben wir ein Geschäft gemacht, der Doktor und ich: Und da haben wir nun hier das ganze Blockhaus und die anderen sind weg. Und damit du's weißt: ‚Was den Jungen angeht, zum Teufel mit ihm', hat der Doktor gesagt. ‚Wir haben ihn satt.'"

„Gut", sagte ich. „Wenn ich sterben muss – es kümmert mich nicht."

„Worauf warten wir noch?", rief einer der Piraten und zog sein Messer.

„Halt!", schrie Silver. „Bist du hier vielleicht der Käpt'n, Tom Morgan?" Tom Morgan blieb stehen, aber die anderen Piraten murrten.

„Ich bin hier der Käpt'n", sagte Silver. „Und ihr werdet mir gehorchen, verlasst euch drauf. Und ich sage euch: Diesem Jungen wird niemand ein Haar krümmen."

Darauf entstand ein langes Schweigen.

„Ihr scheint ja mächtig viel sagen zu wollen!", höhnte Silver und spuckte aus. „Raus damit!"

„Tschuldigung, Sir!", gab einer der Männer zurück. „Die Mannschaft ist unzufrieden. Die Mannschaft mag es nicht, herumkommandiert zu werden. Die Mannschaft hat Rechte wie jede andere Mannschaft. Und wir bestehen auf unserem Recht, uns zu beraten!" Und damit verzogen sich die Piraten ans andere Ende des Blockhauses zur Beratung.

Sofort nahm der Schiffskoch die Pfeife aus dem Mund und flüsterte mir zu: „Jetzt hör mal gut zu, mein Junge! Du bist nur noch eine halbe Planke vom Tod entfernt, und was noch schlimmer ist, von der Folter. Die wollen mich loswerden. Aber denk dran, ich halte zu dir. Denn du bist meine letzte Karte und ich bin deine!"

So langsam begriff ich. „Ihr meint, es ist alles verloren?", fragte ich.

„Ay, genau das meine ich!", sagte Silver. „Schiff verloren, alles verloren. Ich werde dein Leben vor dieser Bande von Idioten hier retten und du rettest den alten John vor dem Strick."

„Ich werde tun, was ich kann!", sagte ich.

„Also abgemacht!", rief Long John.

Er nahm einen Schluck Cognac und sagte: „Aber verrat mir eins: Warum hat der Doktor mir die Karte gegeben?"

Mein Gesicht zeigte ein so aufrichtiges Erstaunen, dass er gleich aufhörte zu fragen. Er schüttelte bloß den Kopf und sagte: „Da steckt was dahinter, was Schlechtes oder was Gutes."

Wieder der schwarze Fleck

Die Beratung der Mannschaft dauerte einige Zeit. Schließlich ging die Tür auf und die Männer kamen herein. Einer von ihnen trat zögernd vor, drückte Silver rasch etwas in die Hand und kehrte sofort zu seinen Gefährten zurück. Der Schiffskoch sah sich an, was ihm übergeben worden war.

„Der schwarze Fleck!", sagte er. „Dachte ich mir doch. Wo habt ihr denn das Papier her? Na so was! Ihr habt es aus der Bibel herausgeschnitten! Welcher Idiot zerschneidet denn eine Bibel? Das bringt Unglück!"

„Da habt ihr's!", sagte Morgan. „Ich wusste, dass es eine blöde Idee ist."

Ein langer Mann mit sehr gelben Augen schaltete sich ein. „Schluss mit dem Gerede!", sagte er. „Lies, was draufsteht."

„Dank auch, George!", sagte Silver und drehte das Papier um. „Ah, was sehe ich: ‚Abgesetzt!' – Hast du das geschrieben, George? Sollte mich nicht wundern, wenn du demnächst Käpt'n bist!"

„Ihr könnt diese Mannschaft nicht länger für dumm verkaufen", entgegnete George. „Es ist alles verpfuscht und Ihr könnt nicht leugnen, dass es Eure Schuld ist. Und dann lasst Ihr auch noch den Feind aus der Falle für nichts. Und jetzt dieser Junge. Wir durchschauen Euch, John Silver: Ihr spielt falsch, das ist es!"

„Ist das alles?", fragte John Silver ruhig. „Dann sag ich euch jetzt mal was: Ich hab's satt, mit euch Hohlköpfen zu reden! Wir sind so nah am Galgen, dass mir der Hals steif wird, wenn ich nur dran denke! Und dann wollt ihr unsere Geisel umbringen, zum Teufel, unsere letzte Chance? Nein, Kumpel, nicht mit mir! Und ist es vielleicht nichts wert, dass jeden Tag ein echter Doktor nach euch schaut und eure Wunden verbindet? Und warum ich diesen Handel abgeschlossen habe, wollt ihr wissen? Darum hab ich's getan!" Er warf ein Papier auf den Boden, das ich sofort wieder-erkannte – es war die Schatzkarte.

Die Piraten stürzten darauf zu wie Katzen auf eine Maus. Die Karte ging von Hand zu Hand und sie schrien und fluchten und lachten wie ausgelassene Kinder, als hätten sie das Gold schon sicher auf dem Schiff und wären auf dem Heimweg.

„Alles gut und schön!", sagte George. „Aber wie sollen wir den Schatz nach Hause kriegen ohne Schiff?"

Silver sprang auf. „Letzte Warnung, George!", rief er. „Noch mehr von deinem unzufriedenen Geschwätz und ich fordere dich heraus! Wer hat denn das Schiff verloren – und wer hat den Schatz gefunden? So, und jetzt trete ich zurück, zum Donner! Wählt ihr euren neuen Käpt'n!"

„Silver!", schrien alle. „Silver soll unser Kapitän sein!"

„Ach, so geht das Lied jetzt, ja?", spottete Silver. „Dann brauchen wir den hier wohl nicht mehr!" Und damit drückte er mir das Papier in die Hand. „Hier, Jim – ein Andenken für dich."

Ich habe es noch heute.

Ehrenwort

Am nächsten Morgen kam tatsächlich der Doktor, um nach den verwundeten Piraten zu sehen.

„Wir haben eine Überraschung für Euch, Doktor!", rief Silver, der im Nu hellwach war und wieder ganz der Alte. „Einen Gast, frisch und munter!"

„Doch nicht etwa Jim?", fragte der Doktor und ich konnte hören, wie sich seine Stimme dabei veränderte.

„Derselbe Jim, wie er immer war!", sagte Silver. Einen Moment später betrat der Doktor das Haus. Er nickte mir nur kurz und grimmig zu und kümmerte sich dann um seine Patienten. Dabei ließ er sich nichts anmerken, sondern schwatzte fröhlich mit ihnen, als sei er immer noch der Schiffsarzt und sie die Matrosen vor dem Mast.

„So", sagte er, als er alle verarztet hatte. „Das hätten wir. Und jetzt möchte ich gerne unter vier Augen mit Jim reden." Der Pirat namens George fuhr sofort auf und widersprach, aber Silver brachte ihn brüllend zum Schweigen.

„Das dachte ich mir schon, Doktor", fuhr er dann in seinem normalen Ton fort. „Und ich weiß auch, wie wir's machen. Hawkins, du als echter Gentleman, gibst du mir dein Ehrenwort, nicht zu fliehen?"

Das tat ich. Daraufhin schickte Silver den Doktor nach draußen auf die andere Seite der Palisade und brachte mich dann zu ihm, damit wir durch den Zaun miteinander reden konnten. Er selber setzte sich außer Hörweite zwischen uns und die murrenden Piraten. Sie waren so aufgebracht über sein offensichtliches doppeltes Spiel, dass nicht viel gefehlt hätte und sie wären über uns hergefallen.

„Also Jim", sagte der Doktor traurig. „Da hast du dir ja was Schönes eingebrockt. Und nun musst du es auch auslöffeln. Zum Donnerwetter! Wenn der Kapitän gesund gewesen wäre, hättest du dich nie getraut, einfach wegzulaufen. Das war feige!"

Ich muss zugeben, dass ich anfing zu weinen.

„Doktor!", schluchzte ich. „Ich habe mir selber schon genug Vorwürfe gemacht. Und wenn Silver nicht gewesen wäre, dann wäre ich auch schon tot. Ich fürchte mich nicht vor dem Tod, Doktor, glaubt mir, aber wenn sie anfangen, mich zu foltern …"

„Jim", unterbrach mich der Doktor mit ganz veränderter Stimme. „Jim, das kann ich nicht zulassen. Spring über den Zaun und dann rennen wir um unser Leben!"

„Doktor", sagte ich. „Ich habe mein Wort gegeben. Silver hat mir vertraut und ich gehe zurück. Aber, Doktor, Ihr habt mich nicht ausreden lassen. Wenn sie mich foltern, kann es sein, dass ich ihnen verrate, wo das Schiff ist. Denn ich habe es gekapert und jetzt liegt es in der Nordeinfahrt auf dem Strand."

„Das Schiff!", rief der Doktor aus. Schnell berichtete ich ihm, was geschehen war. Er hörte mir schweigend zu und sagte dann: „Es scheint Schicksal zu sein, dass du uns auf Schritt und Tritt das Leben rettest. Und da glaubst du, wir lassen zu, dass du deins verlierst? Silver!", rief er. Und als der Schiffskoch wieder herankam, sagte er: „Wenn wir hier beide lebend rauskommen, dann werde ich dafür sorgen, dass Ihr nicht gehängt werdet!"

Silver strahlte. „Etwas Schöneres hätte mir meine eigene Mutter nicht sagen können, Sir, das ist sicher!"

„Und noch ein kleiner Rat", fügte der Doktor hinzu. „Wenn Ihr den Schatz gefunden habt, dann macht Euch auf einen Sturm gefasst. Haltet Jim immer dicht bei Euch und wenn Ihr Hilfe braucht, schreit." Und mit diesen Worten verschwand er schnellen Schrittes wieder im Wald.

115

Die Suche nach dem Schatz

Wir boten einen seltsamen Anblick, als wir loszogen. Alle außer mir waren bis an die Zähne bewaffnet. Silver hatte den Papagei auf der Schulter, der vor sich hin plapperte, und mich führte er an einem Strick mit sich wie ein Hündchen. Die übrigen Männer waren mit Schaufeln, Spitzhacken und Proviant beladen. Wir stiegen zu dem Hochplateau auf, das sich zwischen der nördlichen Seite des Fernrohrhügels und dem Besanmasthügel erstreckte. Dabei hielten alle Ausschau nach dem hohen Baum, von dem auf der Schatzkarte die Rede war, der am Abhang des Fernrohrhügels stehen und auf einen Punkt in Nordnordost weisen sollte. Wir näherten uns gerade dem Rand der Hochebene, als der Mann, der am weitesten links ging, plötzlich anfing zu schreien. Sofort rannten die anderen in seine Richtung. Aber es war nicht der Schatz, den wir dort fanden. Am Fuß einer ziemlich großen

Fichte lag ein menschliches Skelett, das noch einige Kleiderfetzen trug. Der Anblick ließ uns alle schaudern.

„Das war ein Seemann", stellte George Merry fest, der die Kleiderreste untersuchte.

„Aber warum liegt er da so merkwürdig?", überlegte Silver. Tatsächlich lag der Mann vollkommen gerade und er hatte die Arme über den Kopf gestreckt wie zum Kopfsprung. „Da vorne ist die Spitze der Skelettinsel. Nehmt doch mal die Peilung hier am Gerippe entlang."

Das Skelett zeigte tatsächlich genau auf die Insel und der Kompass zeigte wie erwartet Ostsüdost zu Ost an.

„Dacht ich mir doch!", rief Silver. „Das ist unser Wegweiser – hier geht's lang zu den Goldstücken. Aber zum Donner! Das ist mal wieder einer von Flints Scherzen. Wenn Flint noch am Leben wäre, dann wär das hier eine gefährliche Angelegenheit für uns."

„Klar ist er tot", sagte der Mann mit der Kopfwunde. „Aber wenn je ein Geist umgeht, dann der von Flint."

„Fünfzehn Mann auf des toten Manns Kiste", sagte ein anderer. „Das war sein einziges Lied und ich hab es nie wieder gern gehört."

„Kommt schon", sagte Silver. „Schluss damit. Er ist tot und wenn er umgeht, dann bestimmt nicht am Tag. Auf jetzt, zu den Goldstücken!"

Wir brachen auf, aber in gedämpfter Stimmung und als wir den oberen Rand des Hanges erreicht hatten, setzten wir uns alle nieder, um auszuruhen. Doch ganz plötzlich begann mitten zwischen den Bäumen vor uns eine hohe, zitternde Stimme eine uns allen bekannte Melodie zu singen: „Fünfzehn Mann auf des toten Manns Kiste – Jo-ho-ho und 'ne Buddel voll Rum!" Nie habe ich Menschen tödlicher erschrecken sehen als diese Piraten. Die Farbe wich aus ihren Gesichtern, sie sprangen auf und klammerten sich aneinander und Merry schrie: „Es ist Flint, zum Henker!"

Das Singen hörte plötzlich auf. Silver sagte mit aschfahlen Lippen: „Ich kann nicht sagen, was für eine Stimme das ist, aber hier hält uns einer zum Narren, darauf könnt ihr euch verlassen!"

Die Männer hatten sich gerade etwas gefasst, als es von Neuem zu rufen begann: „Darby M'Graw! Darby M'Graw! Geh und hol Rum, Darby!"

Die Seeräuber standen da wie angewurzelt und starrten entsetzt vor sich hin.

„Das waren seine letzten Worte", stöhnte Morgan.

„Ben Gunn, zum Teufel!", rief Silver. „Hört ihr's denn nicht? Es ist seine Stimme!"

„Genau!", rief Morgan. „Ben Gunn war's!"

Es war seltsam, zu beobachten, wie der Mut zu ihnen zurückkehrte – um Ben Gunn scherte sich offenbar niemand. Bald waren wir wieder unterwegs. Und wenig später entdeckten wir einen riesigen Baum mit einem rötlichen Stamm, der sich bestimmt 200 Fuß hoch über das Unterholz erhob. Als die Piraten näher kamen, verdrängte der Gedanke an das Gold, das sie dort erwartete, alle ihre Ängste. Ihre Augen glühten, ihre Schritte wurden schneller und Silver hatte alle Mühe, ihnen zu folgen. Wütend zerrte er an der Leine, mit der ich an ihn gebunden war, und warf mir tödliche Blicke zu. Sie ließen keinen Zweifel daran, dass er jedem Menschen auf der Insel die Kehle durchschneiden würde, wenn es ihm gelang, den Schatz zu bergen und damit davonzusegeln.

Endlich hatten wir den Rand des Unterholzes erreicht. Die Piraten fingen an zu rennen. Doch dann hielten sie plötzlich inne. Ein dumpfer Schrei ertönte. Vor uns lag eine große Grube, die schon vor längerer Zeit ausgehoben worden war. Auf dem Boden der Grube befanden sich eine zerbrochene Spitzhacke und ein paar Kistenbretter mit der Aufschrift „Walross". Es war klar wie der helle Tag – das Versteck war geplündert worden und der Schatz war weg.

Der Fall eines Anführers

Die Männer standen da wie vom Donner gerührt. Aber bevor sie Zeit hatten, ihre Enttäuschung zu begreifen, hatte Silver mir eine Pistole in die Hand gedrückt und war mit mir auf die andere Seite der Grube gewechselt. Dann sah er mich an mit einem Blick, der sagte: „Wir stecken in der Patsche!", und es widerte mich an, wie schnell er wieder die Seite gewechselt hatte.

Fluchend und schreiend sprangen die Piraten in die Grube und wühlten darin herum. Morgan fand ein Zwei-Guinea-Stück und warf es Silver wütend ins Gesicht. „Das ist Euer Schatz, was?", brüllte er. „Ihr vermasselt ja nie was, wie?"

„Grabt weiter, Jungs", sagte Silver eiskalt. „Bestimmt findet ihr auch noch ein paar Erdnüsse."

„Hört ihr das!", schrie Merry. „Ich sag euch, er hat es gewusst!"

„Versuchst du jetzt wieder, Käp'n zu werden?", fragte Silver. Aber diesmal standen die Piraten alle hinter Merry. Sie kletterten wieder aus der Grube heraus und so standen wir uns nun gegenüber, die fünf Piraten auf der einen Seite, Silver und ich auf der anderen. Silver rührte sich nicht. Mutig war er, kein Zweifel.

„Kameraden!", sagte Merry. „Die zwei da drüben stehen allein da, ein alter Krüppel und ein Jüngelchen, dem ich jetzt das Herz herausreißen werde …" Er hob seinen Arm wie zum Angriff, aber gerade in diesem Moment krachten drei Schüsse aus dem Dickicht. Merry fiel kopfüber in die Grube, der Mann mit dem Kopfverband schlug auf die Seite und die anderen drei machten kehrt und rannten davon. Mit rauchenden Flinten kamen der Doktor, Gray und Ben Gunn auf uns zugelaufen.

„Besten Dank, Doktor!", sagte Silver. „Ich schätze, Ihr seid genau im richtigen Augenblick gekommen. Und du bist es also, Ben Gunn!"

Ben Gunn wand sich unter seinem Blick vor Verlegenheit wie ein Aal. „Und, wie geht's, Mr Silver?", sagte er. „Ganz gut, was?"

Während wir zum Liegeplatz der Boote zurückkehrten, erzählte der Doktor, was geschehen war. Ben hatte auf seinen langen Wanderungen über die Insel das Skelett gefunden und auch den Schatz. Er hatte ihn aus-gegraben und in seine Höhle getragen und dort hatte er seitdem gelegen. Als der Doktor das am Nachmittag des Angriffs von ihm erfahren hatte und am nächsten Morgen feststellte, dass die Hispaniola verschwunden war, war er zu Silver gegangen. Er hatte ihm die – jetzt nutzlose – Karte gegeben und die Vorräte, die sie nun nicht mehr brauchten, weil Ben Gunn sie mit Ziegenfleisch versorgen konnte, und meine Freunde waren in die Höhle umgezogen.

Als Dr. Livesey an dem Morgen erfuhr, dass ich dabei sein würde, wenn die Piraten das leere Versteck entdeckten, hatte er blitzschnell Gray und Ben Gunn alarmiert. Aber die Piraten hatten einen großen Vorsprung, also hatte Ben Gunn erfolgreich versucht, sie mit seinen Rufen aufzuhal-ten. So waren Gray und der Doktor doch noch vor uns an der Grube und konnten sich in den Hinterhalt legen.

„So ein Glück, dass ich Hawkins dabeihatte", sagte Silver. „Ihr hättet mich in Stücke geschlagen und keinen Gedanken daran verschwendet."

„Nicht einen!", erwiderte der Doktor.

Wir nahmen eins der Boote und fuhren zur Nordeinfahrt hinaus. Und wer kreuzte da auf und ab – die Hispaniola! Die Flut hatte sie angehoben und wenn der Wind und die Strömung kräftiger gewesen wären, dann hätten wir sie nie wiedergesehen. So aber wurde nur ein neuer Anker gelegt und dann ruderten wir hinüber zu Ben Gunns Schatzhöhle. Gray kehrte zur Hispaniola zurück und hielt Wache, wir anderen stiegen vom Strand zur Höhle hinauf. Oben kam uns der Squire entgegen. Als er Silver erblickte, sagte er: „John Silver, Ihr seid wirklich ein ungeheuerlicher Halunke. Man sagt mir, ich darf Euch nicht zur Rechenschaft ziehen. Nun gut – ich halte mich daran. Aber die Toten werden wie Mühlsteine um Euren Hals hängen."

„Ganz herzlichen Dank, Sir!", erwiderte Long John Silver und salutierte.

„Wie könnt Ihr es wagen, mir zu danken!", rief der Squire. „Ich verletze hier grob meine Pflicht. Wegtreten!"

Die Höhle war ein großer, luftiger Raum mit einer Quelle und einem Teich, der Boden war mit Sand bedeckt. Vor einem großen Feuer lag Kapitän Smollett und in einer Ecke am anderen Ende sah ich große Haufen von Münzen und Goldbarren blitzen. Da war er, der Schatz von Kapitän Flint, für den wir so weit gereist waren und für den so viele Menschen sterben mussten. Wie viele Menschenleben es gekostet hatte, ihn anzuhäufen, kann wohl niemand sagen.

„Komm her, Jim", sagte Kapitän Smollett. „Du bist ein guter Junge, auf deine Art. Aber wir beide werden nie wieder gemeinsam zur See fahren, das sag ich dir. Und seid Ihr das, John Silver? Was bringt Euch hierher?"

„Melde mich zurück zum Dienst, Sir!", erwiderte Silver.

„Aha!", sagte der Kapitän. Mehr sagte er nicht.

Was für ein Festessen war das an diesem Abend! Niemals sind wir glücklicher gewesen, glaube ich. Und dann war da Silver, der etwas abseits vom Feuer saß, aber herzhaft zulangte beim Essen, der immer sofort aufsprang, wenn etwas gebraucht wurde … Er war wieder der gleiche höfliche und diensteifrige Seemann, der er bei unserer Hinfahrt gewesen war.

Zu guter Letzt

Am nächsten Morgen begannen wir früh mit der Arbeit, denn der Transport dieser riesigen Menge von Gold von der Höhle bis auf das Schiff war keine kleine Aufgabe für so wenige Männer. Silver hatte man völlige Freiheit zugestanden, aber niemand behandelte ihn besser als einen Hund. Nur Ben Gunn hatte immer noch Angst vor seinem früheren Quartiermeister; und ich hatte wirklich Grund, ihm dankbar zu sein. Er ertrug diese Kränkungen mit bemerkenswertem Gleichmut. Höflich und unermüdlich bemühte er sich, es allen recht zu machen, so wie er es immer getan hatte.

Die anderen drei Meuterer bekamen wir nicht mehr zu Gesicht. Wir beschlossen, sie auf der Insel zurückzulassen, und ließen ihnen auch einen ordentlichen Vorrat an Pulver und Kugeln, eingesalzenem Ziegenfleisch, Arzneien und anderen Dingen da.

Eines schönen Morgens lichteten wir schließlich den Anker. Die Mannschaft war jetzt so klein, dass jeder mithelfen musste – nur der verletzte Kapitän lag auf seiner Matratze auf dem Achterschiff und gab seine Befehle.

Als wir in einem Hafen in Südamerika vor Anker gingen, um Matrosen anzuheuern, verschwand John Silver. Ben Gunn gestand uns unter den abenteuerlichsten Verrenkungen, dass er ihn hatte entwischen lassen, um uns allen das Leben zu retten. Aber der Schiffskoch war nicht mit leeren Händen gegangen – einen der Geldsäcke hatte er mitgenommen. Dennoch waren wir, glaube ich, alle froh, dass wir ihn auf so billige Weise losgeworden waren. Um es kurz zu machen, wir nahmen ein paar Matrosen an Bord und machten gute Fahrt nach Hause. Jeder von uns bekam einen reichlichen Anteil an dem Schatz und verwendete ihn klug oder dumm, je nach Veranlagung. Kapitän Smollett hat sich zur Ruhe gesetzt. Gray hat sein Geld gespart und ist jetzt Maat und Teilhaber eines Schiffes, außerdem hat er geheiratet. Ben Gunn bekam tausend Pfund, verjubelte sie in drei Wochen und kam dann zurück, um zu betteln. Von Silver haben wir nichts mehr gehört. Wahrscheinlich hat er eine alte Liebe wiedergefunden und lebt nun irgendwo vergnügt mit ihr und dem Papagei Käpt'n Flint. Das Barrensilber und die Waffen liegen wohl immer noch dort auf der Schatzinsel, wo Kapitän Flint sie vergraben hat, und was mich angeht, können sie auch dortbleiben. Um nichts in der Welt würde ich diese verfluchte Insel jemals wieder betreten. Manchmal träume ich noch von ihr, höre die Brandung gegen die Klippen donnern oder fahre plötzlich im Schlaf hoch, weil die kreischende Stimme von Käpt'n Flint mir in den Ohren gellt: „Goldstücke! Goldstücke! Goldstücke!" Das sind meine schlimmsten Albträume.

Drei zauberhafte Abenteuer zum Vorlesen

Die schönsten Kinderklassiker zum Vorlesen
Der kleine Prinz · Der Wind in den Weiden · Peterchens Mondfahrt

ISBN 978-3-8112-3383-6, 128 Seiten, durchgehend farbig illustriert
ab 5 Jahren, € 5,– (D) / € 5,20 (A)

Kinder machten diese Geschichten – oft für Erwachsene geschrieben – zu ihren Favoriten und somit zu Klassikern.

Alle Hauptfiguren sind einzigartig und erzählen von den Wünschen, Sorgen, Konflikten oder Sehnsüchten, die auch Kinder immer wieder beschäftigen.
Kinder brauchen solche Geschichten unbedingt!

www.gondolino.de